LÉGIONNAIRES ET AUXILIAIRES

sous le Haut-Empire romain

Illustration de couverture :
Pendant que des auxiliaires rentrent dans leurs quartiers, un manipule d'infanterie légionnaire quitte le camp.
(Roemer Cohorte Opladen – Venarey-les-Laumes)

Remerciements

Il y a encore peu d'années, la reconstitution historique était regardée avec amusement ou méfiance. Les reconstituteurs étaient souvent perçus comme de « doux dingues », passant leurs dimanches à se « déguiser ». Les temps changent heureusement, et l'Histoire Vivante gagne ses lettres de noblesse grâce au travail de recherche et de restitution soignée de certaines troupes. En comprenant cette démarche originale et son pouvoir d'évocation sur le public, spectateurs ou lecteurs, Frédéric Lontcho et les Éditions Errance contribuent grandement à cette reconnaissance. Au nom de tous les reconstituteurs, je les remercie vivement pour la confiance qu'ils nous accordent.

Je tiens également à remercier toutes les personnes qui ont posé pour cet ouvrage. Ils sont membres pour la plupart de l'association lyonnaise PAX AUGUSTA. Pour les autres, la mention de leur troupe d'origine est annoncée entre parenthèses. Par ordre d'apparition : Christian Gallais, François Gilbert, Pascal Dérumaux et Didier Rachel, Jean-Luc Thomas, Gauthier Clerens *(Corpus Equitum Legionis X Equestris)*, Jacky Jellic, René Cubaynes *(LEG VIII Augusta)*, Wim van Broekhoven *(LEG II Augusta)*, Hervé Galantucci, Didier Rachel, Jared Fleury *(LEGIO VI)*, Véran Vassieux, Claudio Leperini, Markus Neidhardt *(Coh. IIII Vindelicorum)*, Laurent Lafont, Christophe Vaginay-Darnetz.

La plupart des costumes et équipement qui illustrent ce livre sont réalisés par les passionnés d'Histoire Vivante eux-mêmes, qui investissent pour cela beaucoup de temps, en recherche et confection, d'énergie, mais aussi d'argent. Le concours d'armuriers spécialisés est en effet souvent nécessaire pour la réalisation de pièces complexes, tels que casques ou épées. Ils sont trop nombreux pour être tous cités, mais je tiens à mentionner mes amis de la firme Deepeeka, qui ont su populariser ce hobby en proposant des équipements variés accessibles au plus grand nombre.

Enfin, je remercie les responsables des sites archéologiques qui ont permis que certaines photos soient faites :
p. 34-37 : Archéoparc de Malagne (Rochefort - Belgique)
(http://www.malagne.be),
p. 46-49 : Archéosite de Montans
(http://www.archeosite.com/)
p. 52-55 : parc Archeon (Hollande)
(http://www.archeon.nl/home.html)
p. 12-15, 30-33, 66-69, 78-81, 92-95, 102-105 : parc archéologique de Lyon-Fourvière
(http://www.musee-gallo-romain.com/)
pages 42-45 : villa romaine d'Augst (Suisse)
(http://www.baselland.ch/docs/kultur/augustaraurica/1/index.htm).

7, rue Jean-du-Bellay - 75004 Paris
Tél. : 01 43 26 85 82 - Fax. : 01 43 29 34 88
ISBN : 2-87772-326-7

LÉGIONNAIRES ET AUXILIAIRES

sous le Haut-Empire romain

François Gilbert

Collection "Histoire Vivante"

editions errance

L'habit fait le moine

Reconstituer et porter des costumes anciens est une vieille tradition, presque aussi vieille que l'humanité. Les Romains étaient par exemple friands d'archaïsmes dans l'apparat associé à certaines fonctions : les généraux qui triomphaient se costumaient comme les rois étrusques, et les prêtres portaient des vêtements empruntés pour la plupart aux siècles antérieurs. Les raisons de ce conservatisme n'étaient pourtant plus comprises par ceux-là mêmes qui l'affichaient.

Sur les enluminures ou les vitraux du Moyen Âge, on ne cherchait pas à réinventer les vêtements du passé pour illustrer les temps anciens. Les armées d'Israël, ou les soldats romains du Nouveau Testament étaient représentés dans les équipements contemporains de l'artiste. Ce n'est qu'à la Renaissance, grâce à l'intérêt porté aux antiquités gréco-romaines, qu'apparurent de nouvelles images, approchant – mais encore de très loin – une certaine vérité. Il faut attendre le XIXe siècle, et le développement de l'archéologie pour que des restitutions réalistes soient possibles. Les fouilles menées en Égypte, et celles poursuivies à Pompéi et Herculanum, influencèrent notamment les modes décoratives et vestimentaires : les femmes s'habillèrent désormais à l'imitation des Romaines. Il s'agissait seulement d'inspiration libre ; la reconstitution fidèle n'était pas encore à l'ordre du jour. Napoléon III fut parmi les premiers à s'y astreindre, autant que faire se peut, dans une optique pédagogique. Passionné d'archéologie, il fit reconstituer des fortifications césariennes, des machines de guerre et un équipement de légionnaire copié des reliefs de la colonne trajane. Le souci du détail vrai commença à motiver davantage les artistes, à l'exemple des peintres pompiers qui trouvèrent leurs meilleurs sujets dans l'Histoire ; les collections des musées devinrent des lieux d'inspiration et de recherche. Un peu plus tard, la naissance du cinéma offrit de nouveaux débouchés à cet engouement, et les grandes fresques se succèdent depuis avec plus ou moins de bonheur en la matière.

Sur la base d'une documentation toujours plus large et mieux étudiée, une nouvelle discipline est née récemment : la « reconstitution historique », appelée aussi « Histoire Vivante » ou « Reenactment » par les Anglo-Saxons qui ont initié le phénomène. Simple loisir au départ, sans prétention scientifique, elle est devenue aujourd'hui une auxiliaire reconnue de l'étude historique et archéologique lorsqu'elle est menée avec méthode et rigueur. L'Histoire Vivante nous permet en effet de mieux comprendre le passé en éprouvant les mêmes sensations que nos ancêtres, en portant leurs costumes, en manipulant leurs outils, leurs armes ou leurs petits accessoires du quotidien, fidèlement reconstitués. Mais l'Histoire Vivante n'est pas une science exacte. Des époques aussi reculées que l'Antiquité ou le Moyen Âge ne nous ont malheureusement pas légué de catalogues illustrés et détaillés des coutumes vestimentaires alors en usage, ou encore de manuels de confection, comme il peut en exister pour des périodes récentes. Trop de lacunes nous amènent donc immanquablement à formuler des hypothèses et à tenter de les vérifier *in vivo*.

C'est grâce à ce travail de reconstitution que nous abordons et illustrons cette collection sur l'habillement, la parure ou l'équipement militaire des temps anciens. Mais le costume en lui-même n'est intéressant et instructif que replacé dans son contexte historique et social. À toutes les époques, la mise change selon le rang, le sexe, l'heure ou l'activité du jour… L'habit fait le moine. Aussi, pour chaque personnage ainsi détaillé, des textes introductifs expliquent qui il était, et à quelle époque ou à quelle occasion particulière il se présentait ainsi affublé.

François Gilbert

INTRODUCTION

Les sources

Lorsque l'Empire entrevoit les jours sombres de son crépuscule, aux IVe et Ve siècles de notre ère, alors que les armées romaines peinent à endiguer le flot incessant des envahisseurs qui submerge ses frontières, quelques intellectuels tentent de retrouver les raisons du succès des anciennes légions, afin d'inciter l'empereur à les remettre en vigueur et renouer ainsi avec une gloire ancestrale. Ces érudits rédigent leurs commentaires à la lecture des historiens, et surtout des traités militaires, qui furent un genre très prisé, car ils participaient activement à la formation des élites destinées à embrasser le métier des armes. Citons, pour les plus connues, les œuvres de Caton, de Polybe, de Frontin, de Polyen ou d'Hygin. Dans leurs compilations, entre deux leçons de tactique et de stratégie, les auteurs du Bas-Empire réservent une place non négligeable à la question des équipements des soldats, convaincus que les revers présents sont dus en grande partie à la paresse des troupes qui rechignent à porter des armes lourdes mais efficaces, préférant le confort à la sécurité. Ces propos sont à lire avec circonspection, car, pour ce que nous en savons aujourd'hui, beaucoup de soldats de la République ou du Haut-Empire ne sont pas mieux protégés que ceux du Bas-Empire, mais le souvenir de l'âge d'or de Rome nourrissait alors encore bien des fantasmes.

Si l'armée romaine continue pendant des siècles à fasciner bon nombre de stratèges, l'intérêt pour les panoplies romaines s'est quant à lui logiquement dilué ; la guerre changeant constamment de visage, notamment depuis l'invention des armes à feu. Il faut attendre la fin du XIXe siècle et la naissance de l'archéologie moderne, pour que celui-ci resurgisse. Mais ce n'est vraiment que depuis une trentaine d'années que l'étude des armes romaines a progressé de manière significative, essentiellement sous l'impulsion des chercheurs anglo-saxons.

En mille ans, l'armée romaine a bien sûr évolué. Du point de vue des équipements, la période qui nous est la mieux connue est sans conteste le Haut-Empire, pour laquelle nous disposons d'une grande variété de documents, à commencer par les auteurs anciens eux-mêmes. Les textes des historiens, grecs ou romains, nous ont laissé quantité de menues informations au fil des pages : César, Velléius Paterculus, Tacite, Flavius Josèphe, Suétone, Appien, Plutarque, Arrien, Dion Cassius… Nous pouvons regretter qu'ils n'aient pas cherché à décrire davantage ces détails vestimentaires qui nous auraient tant intéressés, mais qui étaient insignifiants à leur yeux, car vus et donc connus de tous leurs contemporains. Mais pour autant de textes précieux, combien nous sont à jamais perdus ? comme l'histoire des guerres de Germanie de Pline l'Ancien, témoin de premier ordre puisqu'il occupait alors un haut commandement dans ces contrées.

L'iconographie antique nous aide à combler partiellement nos lacunes. Mais, à bien y regarder, peu de mosaïques, peintures, sculptures ou bas-reliefs sont exploitables au premier degré pour l'étude des costumes et des armes. Commanditées pour la plupart par l'État ou des personnages importants, pour servir à leur propagande, ces images nous donnent bien souvent une vision erronée de la réalité. Bien des formes sont en effet stylisées. Un autre écueil à éviter est d'accepter l'uniformité des équipements représentés sur ces monuments, qui n'est en fait qu'une convention adoptée par les artistes dans un souci de simplification et donc de lisibilité. La colonne

Trajane est sur ce point exemplaire. On en veut pour preuve qu'il n'existe pratiquement pas deux casques strictement semblables pour cette période. Chaque soldat s'équipait en effet à ses frais, et il n'était pas question pour lui de posséder la même arme que son voisin. Hormis les « insignes » qui distinguaient les unités entre elles et permettaient aux soldats de ne pas confondre amis et ennemis dans la bataille (point essentiel surtout en cas de guerre civile), une armée romaine affichait donc une grande diversité dans les tenues de ses soldats, dans le détail tout du moins.

Grâce aux nombreuses trouvailles effectuées ces dernières décennies, notre connaissance de l'équipement militaire romain s'est considérablement affinée. Menées avec méthode, les fouilles nous permettent de dater précisément les artefacts et de compléter ainsi chaque puzzle, et de percevoir ainsi les nuances et les évolutions pour chaque époque. Certaines zones abondent en découvertes, notamment les frontières de l'Empire, comme le *limes* rhénan ou le mur d'Hadrien en Grande-Bretagne. La concentration militaire y a été telle, que les pertes ou abandons volontaires d'objets y ont été proportionnellement plus importants qu'ailleurs, pour la plus grande joie des archéologues et des reconstituteurs. Les camps légionnaires ou auxiliaires ont notamment révélé des dépotoirs, dans lesquels ont été préservées les matières organiques, telles que le cuir ou le bois. Ainsi, de nombreuses bottines ou sandales ont été exhumées. C'est le cas au fort de la Saalburg, en Allemagne, ou de Vindolanda, en Angleterre. Dans un contexte ordinaire, ce type de pièces ne laisse habituellement jamais – ou très peu – de traces. Quelques-uns de ces casernements ont également contenu des ateliers militaires, comme ceux de Vindonissa en Suisse. De telles « manufactures » se retrouvaient aussi en contexte civil, comme à Alésia, réputée pour ses harnachements de chevaux.

Mais s'il est des endroits où quantité d'armes et d'objets sont perdus, il s'agit bien des champs de bataille. Ceux qui nous intéressent en l'occurrence sont surtout ceux qui ont vu une défaite de l'armée romaine, car, quand elle en a le loisir, c'est-à-dire en cas de victoire, il est d'usage qu'elle ramasse tout ce qui traîne sur le terrain, pour être réparé, recyclé, ou amoncelé en trophées commémoratifs. Les lieux du désastre de Varus, à Kalkriese, sont à ce propos révélateurs, et nous ont notamment permis de repréciser la date de création de la fameuse cuirasse *segmentata*, faite de plaques de fer, que l'on croyait jusque-là plus récente de 30 ou 40 ans. Enfin, les pertes accidentelles dans les rivières au cours d'une traversée, ou les armes immergées en guise d'*ex-voto*, sont également instructives.

C'est par le croisement de toutes ces sources – littéraires, iconographiques et archéologiques – que les reconstitutions qui illustrent ces pages ont pu être tentées. Le plus souvent, c'est un monument – une stèle funéraire généralement – qui a dessiné la silhouette de chaque personnage ; puis l'archéologie a fourni le détail, en offrant des modèles originaux à reproduire. La restitution peut surprendre parfois, mais l'expérimentation qui s'ensuit permet de valider ou d'invalider des hypothèses. Ainsi, le port du glaive sur la hanche droite, que l'on voit figuré sur nombre de reliefs, a montré à l'usage qu'il était plus facile et sûr de dégainer l'arme dans cette position, alors qu'on a longtemps pensé à une erreur des artistes. C'est aussi un des grands intérêts de la reconstitution que de stimuler une recherche et une discussion permanentes !

Malheureusement, les sources sont parfois très lacunaires, voire contradictoires : c'est le cas sur la question des couleurs, qui ne cesse d'opposer les spécialistes. À l'origine, les monuments, fresques et statues, étaient peints, mais le temps a lessivé les pierres. Nous en sommes réduits à glaner de rares informations sur les mosaïques, les peintures, et dans quelques textes ; mais gare encore une fois aux partis pris des artistes, qui cherchent trop souvent à magnifier la réalité de leurs modèles. Bref, rien n'est jamais acquis, et il se peut que de prochaines découvertes remettent en cause ces reconstitutions, qui n'ont pas la prétention d'être une photographie exacte et immuable des soldats du Haut-Empire. Une vingtaine de personnages sont ici détaillés. Ils ne sont qu'un échantillon parmi des milliers de possibilités qui nécessiteraient bien d'autres volumes.

Chronologie

Avant J.-C.

- 44 : assassinat de César
- 31 : victoire d'Octave à Actium, mettant fin à la guerre civile contre Marc Antoine

Règne d'Auguste (-27, +14)
- 26-25 : campagne en Espagne contre les Cantabres et les Astures
- 16-13 : campagne en Gaule
- 15 : campagne contre les Rètes
- 13-9 : campagne en Illyrie
- 12-9 : campagne de Drusus en Germanie
- 8-6 : campagne de Tibère en Germanie

Après J.-C.

- 4-6 : campagne en Germanie par Tibère
- 6 : révolte en Illyrie
- 9 : massacre des légions de Varus en Germanie
- 10-11 : campagne de Tibère en Germanie

Règne de Tibère (14-37)
- 14-16 : campagne de Germanicus en Germanie
- 17-24 : révolte de Tacfarinas en Afrique
- 21 : révolte de Sacrovir et Florus en Gaule
- 28 : révolte des Frisons en Germanie
- 34-36 : guerre contre les Parthes en Orient

Règne de Caligula (37-41)

Règne de Claude (41-54)
- 41-52 : campagne en Maurétanie et révolte en Dalmatie
- 43 : invasion de la Bretagne (Angleterre)
- 48 : révolte des Icéniens en Bretagne
- 50 : invasion de la Germanie par les Chattes

Règne de Néron (54-68)
- 58 : campagne en Espagne contre les Astures
- 58-63 : campagne en Arménie
- 60-61 : révolte de Boudicca en Bretagne
- 66-70 : révolte en Judée et siège de Jérusalem
- 68 : révolte de Vindex, gouverneur de Gaule

Règnes de Galba, Othon, Vitellius, Vespasien (69)
- 69 : guerre civile

Règne de Vespasien (69-79)
- 69-70 : révolte en Afrique
- 71-74 : révolte des Bataves en Germanie

- 72 : campagne en Commagène
- 73-74 : campagne en Germanie
- 77-78 : campagne contre les Bructères en Germanie

Règne de Titus (79-81)

Règne de Domitien (81-96)
- 83 : campagne contre les Chattes en Germanie
- 86-89 : campagne contre Décébale et les Daces en Mésie
- 89 : révolte de Saturninus, gouverneur de Germanie Supérieure
- 92 : campagne contre les Suèves, Sarmates et Marcomans sur le Danube

Règne de Nerva (96-98)
- 97-98 : campagne contre les Suèves en Germanie

Règne de Trajan (98-117)
- 101-102 : première invasion de la Dacie
- 105-106 : seconde invasion de la Dacie
- 114-117 : guerre contre les Parthes
- 115-117 : révolte en Judée et en Égypte

Règne d'Hadrien (117-138)
- 122 : révolte en Maurétanie
- 132-135 : révolte de Bar Kocheba en Judée

Règne d'Antonin le Pieux (138-161)
- 139 : campagne en Bretagne
- 152 : campagne en Maurétanie
- 157-158 : campagne en Dacie

Règne de Marc Aurèle (161-180)
- 162-166 : campagne contre les Parthes
- 166-175 : campagne en Germanie contre les Marcomans, Quades et Sarmates
- 171-172 : révolte en Égypte
- 177 : campagne en Maurétanie
- 178-180 : campagne en Germanie

Règne de Commode (180-192)
- 180-184 : campagne en Bretagne
- 188 : révolte en Germanie
- 193-197 : guerre civile

Règne de Septime Sévère (193-211)
- 197-199 : campagne contre les Parthes
- 208-211 : campagne en Bretagne

Règne de Caracalla (211-217)
- 213 : campagne contre les Alamans en Germanie

Règne de Macrin (217-218)
- 217 : défaite contre les Perses
- 218 : guerre civile

Règne d'Elagabale (218-222)

Règne d'Alexandre Sévère (222-235)
- 230 : campagne contre les Perses en Mésopotamie
- 234 : campagne contre les Alamans en Germanie

Légionnaire Legio V Alaudæ Campagne dans les Alpes 13 av. J.-C.

Le Principat succède à la République

Après sa victoire à Actium et le suicide d'Antoine et de Cléopâtre, Octave est l'homme le plus puissant du monde. Comme de coutume en pareil cas, le vainqueur se voit décerner de multiples honneurs de la part d'un Sénat bien décidé à plaire à son nouveau maître, gratifié du titre d' « Auguste ». Déjà bien mise à mal par son oncle César, la République cesse d'exister. Se substitue alors un nouveau régime du nom de « Principat », auquel les historiens modernes ont préféré l'appellation plus familière d' « Empire ». Auguste ne se présente pas comme un roi, mais plus subtilement comme le premier des citoyens *(princeps)*, sauvant ainsi les apparences. Mais tous les pouvoirs sont bel et bien entre ses mains. L'empereur prétend par exemple restaurer l'autorité du Sénat en lui remettant le contrôle des provinces exemptes de tout désordre. Quant à lui, il fait mine de garder les seules provinces présentant encore quelque danger, comme s'il se dévouait pour les ramener à la raison. Le marché paraît tout à son honneur, mais en conservant les régions qui nécessitent une présence militaire, Auguste range sous sa coupe toutes les forces armées de l'Empire, garantes de son pouvoir absolu.

Les réformes militaires d'Auguste

L'armée fait l'objet de toutes les attentions de l'empereur, qui tire les leçons de plusieurs décennies de guerre civile pour la rendre encore plus performante. Il édicte une série de réformes distinguant et réorganisant armée de terre et marine, garnisons de Rome et des provinces, légionnaires et auxiliaires, et fixant les conditions de service de chaque corps. Avant cela, il licencie une multitude de soldats, ne gardant que les meilleurs éléments pour constituer 28 légions (il en existait une soixantaine à la fin de la guerre) pour surveiller un empire immense, soit 150000 légionnaires, secondés d'autant d'auxiliaires. Il les pourvoit de meilleurs équipements, garants de leur sécurité et donc de leur succès dans la bataille. Sous l'impulsion de cette réforme, des améliorations notables vont voir le jour, tant sur le plan de l'armement défensif qu'offensif. C'est avec cette armée restructurée et améliorée qu'Auguste parachève la conquête de la Gaule commencée par César 50 ans plus tôt, en prévision de l'invasion de la Germanie.

L'équipement

L'équipement de notre légionnaire est restitué d'après une stèle retrouvée à Glanum, près de Saint-Rémy-de-Provence, et exposée aujourd'hui au musée de Lyon.

Par-dessus une tunique de laine rouge (la couleur arborée au combat semble-t-il), et un *subarmalis* rembourré et garni de bandes de protection en cuir, notre légionnaire porte une longue cotte de mailles, inventée probablement par les Celtes plusieurs siècles avant notre ère. Il était alors courant que les Romains adoptent les pièces d'équipement de leurs ennemis qu'ils jugeaient plus efficaces que les leurs. Cette

armure est constituée de 30 000 à 40 000 anneaux de fer de 4 à 6 mm de diamètre : certains pleins, d'autres ouverts et refermés à la pince avec un minuscule rivet réunissant les deux extrémités aplaties. L'originalité de l'assemblage procure à l'ensemble une très grande souplesse, comme une seconde peau. La cotte est alors sans manche et descend jusqu'à l'aine ou à mi-cuisses. Pour lui conférer un surcroît de protection au niveau des épaules, sujettes aux traumatismes occasionnés par les coups d'épée de l'adversaire, une doublure a été ajoutée, maintenue dans le dos et sur la poitrine par de larges rivets à tête concave. Au milieu de la poitrine, un double crochet, articulé autour d'un rivet servant de pivot, vient retenir ces épaulières pour les empêcher de glisser et d'entraver le mouvement des bras. Ce système se conçoit si les deux bandes d'épaules sont indépendantes l'une de l'autre, et non pas réunies au niveau des omoplates. Malheureusement, nous n'avons aucune représentation d'un soldat romain de cette époque vu de dos, et nous ne savons donc pas comment était confectionnée cette doublure à cet endroit. La découverte d'une cotte de mailles dans une tombe à Chassenard, dans l'Allier (datée du règne de Caligula), nous laisse penser cependant qu'un même système de crochets retenait également les épaulières dans le dos. La cotte de mailles peut peser plus de 10 kg, et tout le poids repose sur les épaules. Il peut en résulter une gêne au niveau de la gorge qui se trouve ainsi comprimée, et c'est pourquoi le soldat porte un foulard *(focale)*. Pour mieux répartir et diminuer une telle charge, il est de plus indispensable de serrer la cuirasse à la taille par une ceinture, et de la faire blouser par-dessus. Cette ceinture *(balteus)* est encore très simple à cette époque, mais au fil du temps elle va se couvrir de plaques métalliques décorées, et parfois émaillées, comme c'est le cas ici. Chez les soldats, elle supporte le glaive du côté droit, et le poignard du côté gauche.

Ce poignard n'équipe peut-être pas encore systématiquement tous les soldats. Nous connaissons quelques exemplaires tardo-républicains, mais c'est surtout à l'époque d'Auguste que le poignard prend de l'importance, plutôt comme objet de prestige que comme arme fonctionnelle. Cette reconstitution en fer, d'une grande sobriété par rapport aux artefacts postérieurs, copie une découverte de Bâle-Münsterhügel. L'épée est encore le long *gladius hispaniensis* de l'époque républicaine, emprunté aux Espagnols comme son nom l'indique. Sa longueur avoisine les 70 à 80 cm. Il s'utilise autant de taille que d'estoc. Cette reconstitution est basée sur une splendide découverte réalisée dans la Ljubljana en Slovénie. Le pommeau de l'arme (qui n'a pas été retrouvé) reproduit un exemplaire plus ancien retrouvé à Délos en Grèce, avec 7 rivets de fixation. L'arme est ici suspendue à un baudrier, comme semble le montrer la stèle de Lyon. Au cours des réformes militaires d'Auguste, un modèle plus court, favorisant le corps à corps, va être mis en fabrication.

Notre légionnaire porte un casque de conception simple, héritier direct des modèles en usage dans les armées césariennes (Coolus-Mannheim). La seule véritable différence est l'addition de deux garde-joues *(bucculæ)* enveloppants, échancrés au niveau des yeux et de la bouche pour ne contraindre ni la vue ni la parole. Le modèle césarien n'avait bien souvent qu'une simple jugulaire de cuir. Cette version évoluera sous l'impulsion des réformes impériales en une série de casques bien connue, baptisée « Haguenau » en raison d'un splendide artefact découvert non loin, à Drusenheim en Alsace. Le casque de notre homme ne possède aucun support de crête, mais la stèle de Lyon nous montre clairement une grande plume fichée de chaque côté du casque. Il faut sans doute y voir une particularité uniformologique des soldats de la Ve légion, surnommée pour cette raison « Alouettes » (*Alaudæ* en langue gauloise), car ces aigrettes les faisaient ressembler à ces oiseaux, d'après Pline l'Ancien (*Hist. Nat.*, XI, 121). Il s'agit ici de plumes de corbeau, qui était un animal associé à la guerre chez les Gaulois. Les légionnaires de la Ve légion avaient été justement recrutés en Gaule Transalpine par César, sans doute durant l'année de la grande insurrection de Vercingétorix, en 52 av. J.-C.

Le bouclier est encore le grand *scutum* républicain, dont les dimensions (128 x 64 cm) sont restituées d'après un artefact retrouvé intact en Égypte. Sur la stèle de Lyon, il s'agit peut-être déjà d'une version évoluée, dont les sommets auraient été tronqués, inaugurant ainsi la série des célèbres *scuta* rectangulaires semi-cylindriques. Le bouclier est constitué de 3 couches de fines lattes de bois, collées perpendiculairement, et tapissées sur l'extérieur de cuir « brut » ou « vert » (c'est-à-dire provenant d'un animal fraîchement écorché) qui, en séchant, lui confère une extrême solidité. La partie centrale métallique *(umbo)* couvre la main qui tient le bouclier, mais sert également à frapper l'ennemi dans le corps à corps pour l'assommer ou le déstabiliser. L'*umbo* en usage sous la République épouse la forme de l'arête centrale *(spina)*, et se caractérise par les pattes de fixation qui émergent à chaque angle, comme on en voit distinctement sur l'autel d'Ahenobarbus au Louvre. Beaucoup plus épaisse autrefois, cette arête qui court sur toute la hauteur du *scutum* a pour fonction de renforcer la structure et de dévier les coups frontaux. Le motif décoratif géométrique, qui est commun à toute la cohorte afin que les soldats d'une même unité se reconnaissent au cœur de la bataille, est reproduit d'après la stèle de Lyon. Les couleurs sont en revanche hypothétiques.

Le légionnaire est encore armé d'un javelot, le fameux *pilum*. Il en existe une grande variété, mais que l'on peut classer en deux catégories : les *pila* dont le fer à soie s'emmanche dans une hampe en bois de frêne et se fixe par plusieurs rivets (voir les découvertes augustéennes d'Oberaden en Allemagne), et les *pila* dont le fer se termine par une douille, comme c'est le cas sur notre reconstitution. Cette tige de fer munie d'une longue pointe pyramidale est capable de percer une cuirasse ou un casque, et de clouer ensemble plusieurs boucliers ennemis. À l'extrémité de la hampe, un cône de fer sert à planter en terre le *pilum* durant les haltes. César, dit-on, interdit de tremper les fers, pour qu'ils se tordent dans les boucliers adverses sous l'effet du choc, et ne puissent pas en être retirés pour être ensuite réexpédiés à l'envoyeur.

Centurion Legio XVIII Désastre de Varus 9 apr. J.-C.

Conquête de la Germanie

La *Pax Augusta* est une illusion politique. Des peuples sont toujours en armes, comme en Espagne, mais aussi du côté de la Germanie, où des tribus belliqueuses font de continuelles incursions en Gaule. En 16 av. J.-C. notamment, les Sicambres, les Usipètes et les Tenctères défont les troupes du gouverneur Lollius envoyées à leur rencontre. La réponse de Rome est le déclenchement d'opérations meurtrières dans l'arc alpin pour s'ouvrir des voies militaires vers la Germanie. La conquête est engagée et confiée au prince Drusus, beau-fils d'Auguste, excellent général unanimement apprécié de ses soldats. Plusieurs campagnes laborieuses vont mener les armées romaines jusqu'à l'Elbe. Après la mort de Drusus, son frère Tibère reprend le commandement. Mais la conquête est stoppée par un grave soulèvement en Illyrie en 6 apr. J.-C., requérant l'envoi immédiat des légions de Germanie. Demeurent toutefois sur place au moins trois d'entre elles : les XVIIe, XVIIIe et XIXe légions sous les ordres du gouverneur Quintilius Varus.

Massacre dans la forêt de Teutobourg

Beaucoup plus accoutumé au repos des camps qu'aux fatigues de la guerre, Varus passe pour un fin lettré mais un piètre militaire. Son plus grand tort est de sous-estimer ces Germains qu'il trouve brutaux et incultes, et qu'il s'applique à «civiliser ». Profitant de l'absence d'une partie de l'armée romaine, les Germains s'entendent pour déclencher l'insurrection sous l'autorité d'un prince de la tribu des Chérusques, Arminius, récompensé pourtant du droit de cité romaine et du rang équestre pour services rendus. L'occasion se présente un jour d'automne de l'an 9 apr. J.-C. Durant la marche de retour des légions à leurs quartiers d'hiver, Arminius convainc le gouverneur de traverser une région où sont tapis en embuscade des milliers de guerriers germains. Les trois légions, suivies de six cohortes auxiliaires et trois ailes de cavalerie (en tout près de vingt-cinq mille hommes), encombrés d'une multitude de civils et de bagages s'étirant sur plusieurs kilomètres, s'enfoncent dans la forêt. La surprise est totale et les Romains se font tailler en pièces trois jours durant. Les enseignes prises sont consacrées aux dieux des Germains et exposées dans les bois sacrés. Les prisonniers sont soumis aux plus inhumaines des tortures, surtout les officiers qui sont enterrés vifs, crucifiés ou immolés sur des autels. Les légions vaincues ne seront pas reformées, et les numéros XVII, XVIII et XIX plus jamais attribués à de nouvelles unités.

L'équipement

Notre personnage est reconstitué d'après une stèle funéraire retrouvée à Xanten en Allemagne, figurant Marcus Caelius, centurion à la XVIIIe légion mort dans le désastre de Varus avec ses deux affranchis. L'homme est représenté en grande tenue, arborant fièrement ses décorations. Dans l'armée romaine, plus le soldat est gradé, plus il reçoit de récompenses. Sur un baudrier de cuir sont accrochées des médailles

(*phaleræ*). On en compte six sur la stèle, mais deux autres sont sculptées au-dessus des épaules pour des raisons de lisibilité. Elles auraient été en effet cachées par les deux colliers (*torquæ*) suspendus sur la poitrine par une écharpe passant derrière la nuque. Ces torques représentent sans doute la massue d'Hercule et la tête du lion de Némée. Certaines phalères affichent elles aussi des têtes de lion, ainsi que les visages de divinités mineures. Elles s'inspirent ici d'artefacts en argent retrouvés à Lauersfort, près de Xanten. On connaît également des phalères en bronze, en calcédoine ou en pâte de verre. À chaque poignet, le centurion porte encore un large bracelet (*armilla*) reçu en récompense. Sur la stèle le centurion est également coiffé de la couronne de feuilles de chêne (*corona civica*), décernée pour avoir sauvé la vie d'un citoyen romain.

Le cep de vigne (*vitis*) qu'il tient à la main est un insigne de son rang. Il s'en sert occasionnellement pour frapper les récalcitrants. Tacite nous parle d'un centurion surnommé « Encore un », car il avait l'habitude de casser son cep sur le dos de ses soldats, puis d'en réclamer un second pour continuer à les châtier. S'ils étaient respectés pour leur courage, ces officiers subalternes n'étaient bien souvent pas aimés de la troupe. La dernière figuration d'un cep torsadé est visible sur le relief d'un centurion de la légion Martia, au musée de Padoue, datée des années 40 av. J.-C. Par la suite, dès le début du Ier siècle de notre ère, les stèles montrent en revanche de longs bâtons parfaitement rectilignes. Peut-être n'est-ce déjà plus un véritable cep de vigne, mais simplement une badine en bois, d'une essence quelconque, mais qui par tradition aurait gardé le nom de *vitis*. En tout cas, dans l'Antiquité, les vignes poussaient en hauteur, le long de troncs, et n'étaient pas taillées comme de nos jours, produisant des ceps courts et très noueux comme on en voit aujourd'hui dans les groupes de reconstitution.

Sur une tunique blanche, le centurion porte une cuirasse que d'aucuns identifient sur la stèle à un modèle dit « musclé », car elle épouse la musculature du torse. Mais il s'agit en réalité d'une classique cotte de mailles, dont les détails étaient sûrement peints à même la pierre, comme sur la plupart des monuments romains. On ne s'expliquerait pas en effet la présence des courtes manches qui, si elles étaient rigides, empêcheraient tout mouvement des bras. Bordée de cuir, la découpe arrondie du bas de la cuirasse est également visible sur la stèle d'un autre centurion, du nom de Facilis, exhumée à Colchester. On ne sait si cette bordure de cuir est purement esthétique, ou s'il s'agit de l'ourlet d'une fine peau doublant l'intérieur de la cotte pour faciliter l'entretien des mailles avec un produit gras, préservant ainsi les vêtements portés au-dessous. Rappelons que dans l'Antiquité, la confection d'une tunique exigeait beaucoup de temps, ce qui en faisait un objet précieux.

Pour amortir le poids de la cotte et minimiser l'impact des coups reçus, Caelius dispose d'un vêtement rembourré (*subarmalis*) terminé par deux rangées de lambrequins de cuir épais (dépourvus de franges, comme on le verra souvent pas la suite), qui augmentent les zones protégées sans entraver la mobilité des membres.

Autour de la taille, deux ceinturons croisés, garnis de plaques métalliques décorées, supportent du côté droit le poignard et du côté gauche le glaive, dans le sens opposé à celui des soldats. Il s'agit sans doute d'une tradition conservée pour distinguer les grades. Le glaive s'est raccourci, et ne mesure plus que 50 ou 60 cm, dénotant un changement dans les techniques de combat de l'infanterie romaine. Ce nouveau modèle d'épée s'emploie essentiellement en perforation, et nécessite pour cela de s'approcher davantage de l'adversaire, qui a besoin quant à lui de plus de distance pour manier sa longue épée. Ainsi armé, le soldat romain est devenu un spécialiste redoutable du corps à corps. La lame est à double tranchant, et présente un rétrécissement dans le tiers inférieur. La pointe très effilée est capable de causer de terribles blessures, voire la mort si elle pénètre de 4 cm à peine. Le fourreau se pare de plaques décorées enchâssées sous deux gouttières de laiton. Le haut est garni d'une large plaque estampée ou ajourée qui fait tout le tour du fourreau. Sur notre photo, le centurion porte la reproduction d'un artefact exposé à Strasbourg, et qui a été originellement fabriqué à Cologne ou à Lyon. Les plaques de la ceinture qui porte le glaive sont reconstituées d'après la stèle du centurion Facilis. Son extrémité est découpée en trois longues lanières, lestées d'un pendentif en bronze. Seule la lanière du milieu est percée de trous et s'accroche dans la boucle. Cette manière de faire est peut-être à l'origine du tablier clouté que portent les soldats romains dès la fin du règne d'Auguste.

En tenue de parade, le centurion porte son manteau de laine sur la seule épaule gauche, maintenu ici par une fibule ajourée en argent, reproduite d'après un artefact contemporain en bronze retrouvé en Suisse. Il s'agit d'une large cape rectangulaire, appelée *sagum* chez les soldats, ou *paludamentum* chez les officiers supérieurs. La couleur bleu-gris est restituée d'après les peintures de soldats romains retrouvés au Fayoum en Égypte, datées du IIe siècle de notre ère. La plupart de ces militaires sont des soldats de base, mais l'un d'eux au moins est centurion, comme le révèle le sens de son baudrier d'épée. La couleur n'est donc probablement pas un insigne de grade. Des peintures murales de la Maison Dorée de Néron montrent également des soldats au repos revêtus de manteaux de même teinte, mais ailleurs, d'autres couleurs sont attestées. Le rouge écarlate semble en tout cas réservé aux généraux.

Comme souvent chez les officiers, Caelius est chaussé de *calcei*, sortes de brodequins fermés, par-dessus des chaussettes de laine. Les jambes sont couvertes de cnémides en bronze étamé. Il n'est pas certain qu'elles aient été portées en opération. Il s'agit peut-être d'une tradition gardée comme un privilège. Les jambières sont ici gravées du même motif de foudres et d'ailes déployées visible sur les garde-joues d'un casque du type Weisenau de l'ancienne collection Guttmann. En tôle de bronze étamée, ce casque est peut-être le seul exemplaire connu pour lequel l'appartenance à un centurion peut être envisagée : en raison de la forme et de la décoration des garde-joues qui font penser à la coiffure d'un officier, par la présence d'un support de crête inamovible, et enfin par les traces de soudure au-dessus des tempes, qui laissent à penser que des crochets ont pu servir à fixer la crête transversale typique des centurions (*crista transversa*). Monté de cette manière, le cimier permet de repérer facilement le centurion dans la cohue de la bataille, et de se rallier à lui. C'est un des signaux visuels indiqués par le compilateur Végèce. Selon ce même auteur, la crête du centurion (ici en crin de cheval, mais elle pourrait être en plumes) est de couleur blanche (Végèce dit « argentée »). Notez que ce casque est dépourvu de l'arc de renfort frontal qui équipe à cette époque les casques d'infanterie. Les cabochons sont en laiton, remplis de plomb. Le couvre-nuque est encore court, ce qui suggère une datation précoce dans la série des modèles Weisenau, apparue au début du règne d'Auguste, et qui va évoluer pendant plus de deux siècles.

Signifer et vexillarius Legio V Gallica Expédition de Germanicus 15 apr. J.-C.

Retour à une politique défensive en Germanie

Le désastre de Varus marque le coup d'arrêt de la politique offensive en Germanie. Le bénéfice de la conquête paraît maigre au regard des efforts fournis. Les tribus soumises ne sont jamais réellement pacifiées, et après chaque campagne, les trophées romains sont arrachés. Auguste et Tibère décident de ramener les troupes sur le Rhin, et de les cantonner à une mission de surveillance. Mais le bouillant général mis à la tête de l'armée de Germanie, le bien nommé Germanicus, héritier du nom glorieux de son père Drusus, profite de la mort d'Auguste et des mutineries qui s'ensuivent dans les cantonnements de Pannonie puis de Germanie (14 apr. J.-C.), pour se lancer à son tour à l'assaut des territoires outre-Rhin. Il ne s'agit plus cette fois officiellement d'invasion, mais de venger les morts de l'armée de Varus. Les restes des légions mutinées, qui ont connu une répression terrible, traversent une nouvelle fois le fleuve.

Une expédition expiatoire

Un premier succès incite Germanicus à tenter une nouvelle expédition l'année suivante. À la tête d'une armée forte de 70 000 hommes, il pénètre en Germanie par terre et par mer. Une victoire contre les Bructères permet de récupérer l'aigle perdue de la XIXe légion. Peu après, l'armée parvient sur les lieux de la défaite de Varus. Les restes des légions, amas d'os et d'armes brisées, sont pieusement recueillis et enterrés sous un tertre de gazon. Ceci fait, les Romains se mettent en marche pour rentrer dans leurs quartiers. Leur route les conduit dans une région marécageuse traversée par un long ponton de bois, construit autrefois par un général romain pour faciliter ses expéditions. Mais la chaussée est pourrie et doit être réparée, ce qui laisse le temps aux Germains d'Arminius de se regrouper et de fondre sur la colonne enlisée. En un instant, ils sont au pied de la route, traversant les gués connus d'eux seuls, taillant en pièce les chevaux qui culbutent les soldats, renversant les chariots et leurs conducteurs. La confusion est à son comble. Prisonniers de l'étroitesse du lieu, ployant sous les bagages et attaqués de toutes parts, il s'en faut de peu que Rome ne porte le deuil de ses légions une seconde fois. Mais la cupidité des barbares l'emporte sur le désir de combattre, et le pillage est préféré au massacre. Grâce à ce répit, les légions ont le temps de traverser les marais et de se fortifier.

L'équipement du signifer

La stèle funéraire de Quintus Luccius Faustus, de la XIIIIe légion *Gemina*, nous permet de reconstituer ce porte-enseigne *(signifer)* d'un manipule d'infanterie. Chacune des 10 cohortes de la légion est composée de 3 manipules de 160 hommes environ, soit l'équivalent de 2 centuries de 80 soldats. L'étendard manipulaire se caractérise par les disques métalliques *(phaleræ)* juxtaposés sur la hampe, et qui sont en or selon Plutarque. On ne sait pas ce que signifient ces décorations. Certains y

VEXILLVS
LEG V

voient des récompenses accordées à l'unité. Mais la majorité des enseignes visibles sur les monuments en possèdent généralement six, parfois moins, mais jamais plus. De fait, d'autres y ont vu une manière de hiérarchiser les six centuries au sein de la cohorte, ce qui en ferait des enseignes de centuries et non plus de manipules. La stèle de Luccius Faustus montre quant à elle cinq *phaleræ* sur la hampe (5e centurie ?), tandis qu'une stèle similaire d'un autre *signifer* de la même légion n'en présente qu'une seule (1re centurie ?). Mais cette hypothèse séduisante n'est pas satisfaisante, car elle ne se vérifie pas à l'examen des bas-reliefs de la colonne de Trajan, qui représentent les unités par groupes de trois enseignes parfaitement identiques, toutes à six disques. Bref, nous devons avouer notre ignorance sur la symbolique de ces décorations circulaires. Sur certains monuments, elles sont même estampées des portraits des empereurs et des membres de leur famille. D'autres variétés d'enseignes militaires romaines en montrent également.

Au bas de la hampe, une tête d'éléphant surplombe un croissant de métal. Le pachyderme était alors un des totems de César qui créa la Ve légion *Gallica* (connue aussi sous le nom d'*Alaudæ* : voir p. 12-15) ; manière de rappeler son illustre fondateur. Sur notre reconstitution, l'éléphant remplace le capricorne sculpté sur la stèle de Faustus, et qui identifiait quant à lui la XIIIIe légion. Deux grosses touffes de laine symbolisent peut-être les brassées d'herbe (« *manipuli* » en latin) qui surmontaient jadis, au temps de Romulus, les enseignes militaires. Au sommet de la hampe est fixé un fanion en tissu, portant sans aucun doute une inscription (ici hypothétique, mentionnant le numéro de la cohorte et du manipule). Comme sur la stèle, une couronne de laurier – à coup sûr une récompense cette fois – a été fixée avec des lacets. Une pointe de lance surmonte l'ensemble. D'ordinaire, les enseignes manipulaires sont coiffées par une main ouverte, paume tournée vers l'avant ; la pointe de lance ou la main pouvant alors peut-être distinguer le premier manipule de chaque cohorte (?). Cette lourde enseigne se porte sur l'épaule durant les marches, et se plante devant la tente du général une fois le camp construit, grâce au talon pointu. La poignée perpendiculaire sert à la retirer du sol lorsque l'armée se remet en marche. Ce sont les mouvements des enseignes qui indiquent à la troupe dans quelles directions se porter, s'il faut s'arrêter, progresser ou reculer. Leur rôle tactique sur le terrain est donc pri-

mordial. Il est possible, à l'exemple de nos modernes porte-drapeaux, que les *signiferi* aient été dotés d'un baudrier muni d'un étui pour les aider à supporter plus commodément ce lourd fardeau.

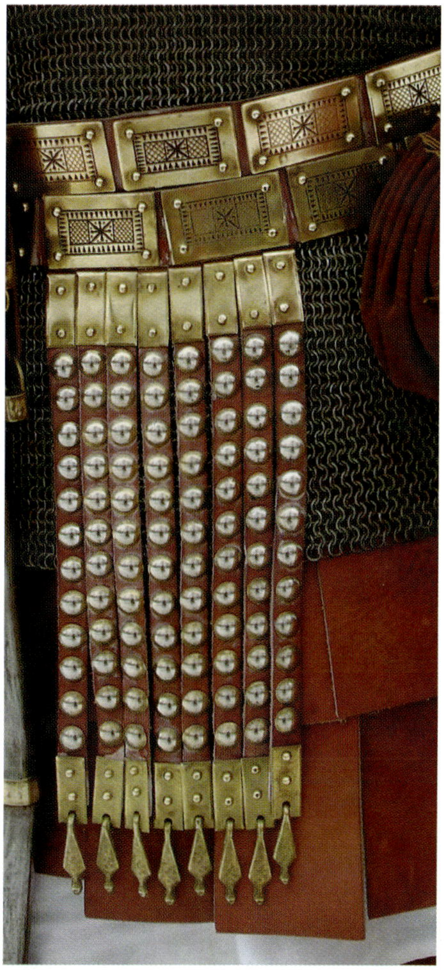

Sur un *subarmalis*, notre *signifer* porte une cotte de mailles de fer. Sa doublure d'épaules est ici en cuir, plus légère qu'une seconde épaisseur de mailles. Plusieurs bas-reliefs, comme ceux de l'arc d'Orange, suggèrent cette reconstitution. Ces épaulières sont retenues par des crochets, dont l'extrémité dessine une tête de bélier. C'est une caractéristique des crochets du Ier siècle retrouvés en Germanie.

À la taille, se croisent deux ceinturons couverts de plaques gravées et niellées, formant sur le devant un tablier clouté. Les stèles rhénanes contemporaines nous montrent souvent des tabliers garnis de 6 ou 8 longues lanières, décorées chacune de 10 à 15 clous et terminées par de fins pendentifs. Les plaques sont reproduites d'après des artefacts du camp de Vindonissa en Suisse. Le glaive est du modèle « Mayence », glissé dans un fourreau tapissé d'une feuille de laiton étamée, estampée de motifs floraux et animalier, d'après un artefact de Valkenbourg.

L'équipement se complète d'un bouclier plat et ovale, dont la forme diffère peut-être des boucliers des autres soldats pour des raisons de maniabilité. Sur la colonne Trajane, le bouclier des porte-enseignes, comme des musiciens, est rond et s'est réduit à une cinquantaine de centimètres de diamètre.

Sur le bas-relief, Luccius Faustus est représenté nu-tête. Sur l'épaule gauche apparaît cependant une tête aux larges oreilles, que d'aucuns ont voulu reconnaître comme la peau d'animal dont s'affublent parfois les porte-enseignes. Toutefois, bien que naïf, le relief figure de toute évidence une face humaine, et suggère la forme d'un casque à visage comme il s'en portait dans la cavalerie. Quant aux deux oreilles, elles caractérisent les garde-joues des casques de cavalerie, alors que les couvre-chefs d'infanterie avaient leurs para-

gnathides découpées pour dégager l'ouïe justement. Notre homme est coiffé d'un modèle de casque dont l'original, daté du deuxième quart du Ier siècle, a été retrouvé en Bulgarie. Il appartient à une série primitive de casques à visage dont le premier modèle connu a été exhumé à Kalkriese, sur les lieux du désastre de Varus. Le masque en laiton est articulé grâce à une charnière fixée au front d'un casque de type Weisenau, et maintenu par les garde-joues fermés. Les renforts en forme de sourcils, estampés normalement sur le timbre de ces casques, sont ici rapportés en laiton. Il n'est pas surprenant que les porte-enseignes, dont la fonction est autant honorifique que tactique, aient souhaité se donner une apparence extraordinaire pour impressionner davantage, telle une statue aux traits hiératiques. Parce qu'il rend la respiration difficile, ce casque n'est sûrement porté que durant les parades.

Sur l'épaule de Faustus, on distingue les deux pattes de la dépouille animale qui couvre généralement le casque. Il s'agit ici d'une peau d'ours (comme l'indique Végèce), plus facile à trouver dans les régions du nord de l'Empire. Pourtant, les rares représentations nous montrent plutôt des dépouilles de lions. Cette pratique est une tradition qui remonte sans doute à la nuit des temps, quand les hommes revêtaient la peau de leur animal totem pour s'approprier sa force. À notre époque, cette dimension magique est très atténuée, et les Romains y voient plus probablement une manière de distinguer leur porte-enseignes en rendant leur aspect plus terrible encore. Cette peau est cependant un handicap, car tout le poids porte sur l'arrière de la tête, tirant le casque, surtout si son couvre-nuque est accentué. Pour parer au problème, notre homme a attaché la peau autour de la taille avec sa ceinture, en la faisant blouser pour diminuer l'effet de pesanteur. Les pattes supérieures sont jointes sur la poitrine par un lacet.

L'équipement du vexillarius

Si la colonne Trajane nous montre des porte-enseignes systématiquement coiffés d'une dépouille animale, conditionnant ainsi des siècles de représentations stéréotypées, force est de constater que d'autres monuments nous en présentent souvent nu-tête, ou avec simplement un casque, comme sur la colonne Antonine ou les métopes d'Adamklissi. On peut alors se demander si les pelisses n'étaient pas arborées qu'en des circonstances exceptionnelles, voire seulement dans certaines unités ? C'est ainsi du moins, tête nue, que nous avons voulu reconstituer notre second porte-étendard. Ce fanion particulier, reconstitué d'après un bas-relief de Carleon en Angleterre, s'appelle un *vexillum* (« petite voile »). Le sous-officier qui en a la garde prend le nom de *vexillarius*, mais ce mot s'applique aussi à tout homme qui marche derrière cette enseigne. Celle-ci, en effet, a pour fonction de conduire un détachement *(vexillatio)* envoyé en mission, tandis que le reste de la troupe demeure au camp autour de son enseigne principale, une aigle dorée *(aquila)*, conservée pieusement dans la chapelle sacrée édifiée au cœur du quartier général. Ce type de fanion existe également à la tête des corps de vétérans et dans la cavalerie. Un cavalier ne pourrait en effet se mouvoir sur son cheval avec l'une de ces grosses enseignes bardées de décorations que manœuvrent les *signiferi* des manipules d'infanterie. Le *vexillum* peut avoir une fonction tactique sur le champ de bataille ; autrement dit, par ses mouvements, il relaie auprès de la troupe les consignes à suivre.

Se basant sur un artefact du IIIe siècle retrouvé en Égypte, mais qui n'est certainement pas l'emblème d'une légion, les tentatives modernes de reconstitution ont tendance à peindre systématiquement le *vexillum* en rouge et à le décorer du nom abrégé de l'unité et de son animal symbole. Or, un passage de l'historien Dion Cassius (XXXVIII, 18) le décrit seulement marqué du nom du corps d'armée (une *vexillatio* pouvait comprendre des détachements de plusieurs légions) et du nom de son commandant. Pour sa part, le fanion du relief de Carleon indique seulement « VEXILLVS LEG(IO) II AVG(VSTA) » (« détachement de la légion II *Augusta* »). Dion Cassius ajoute que l'inscription est en lettres rouges. Par conséquent, le drapeau ne peut être rouge lui-même, mais doit être forcément de couleur claire.

Le lapicide a commis une faute d'orthographe en gravant un « S » au lieu d'un « M » à la fin du mot principal ; cette faute a été respectée sur notre reconstitution, et *vexillum* est devenu *vexillus*. L'abréviation du surnom (*Alaudæ*, ou *Gallica*) a été en revanche volontairement délaissée, car il est extrêmement rare de trouver le numéro de la Ve légion associé à son surnom. La base du chiffre V se termine par une tige et une feuille de lierre, copiant ainsi une plaque d'enseigne de cohorte exposée aujourd'hui au musée de Bonn. Le bas de la toile est liseré de franges de laine, et l'ensemble est encadré d'une bande de tissu recouverte de broderies ou de peintures représentant de probables volutes végétales. À mi-hampe, la figure d'un animal est visible sur la stèle, sans doute un capricorne pour la IIe *Augusta*, grossièrement taillé. Sur notre reconstitution, l'éléphant l'a remplacé, symbole de Jules César, créateur de la légion. Au bas de la hampe, un talon de bronze permet de planter l'enseigne en terre. Au sommet, une pointe de lance ajourée est fixée. Elle copie la lance honorifique des soldats promus à quelque responsabilité *(beneficiarii)* ou éclaireurs *(speculatores)* du Ier siècle, telle qu'elle est notamment représentée sur un relief du musée de Belgrade. De telles pointes prendront des formes et des proportions exubérantes aux siècles suivants.

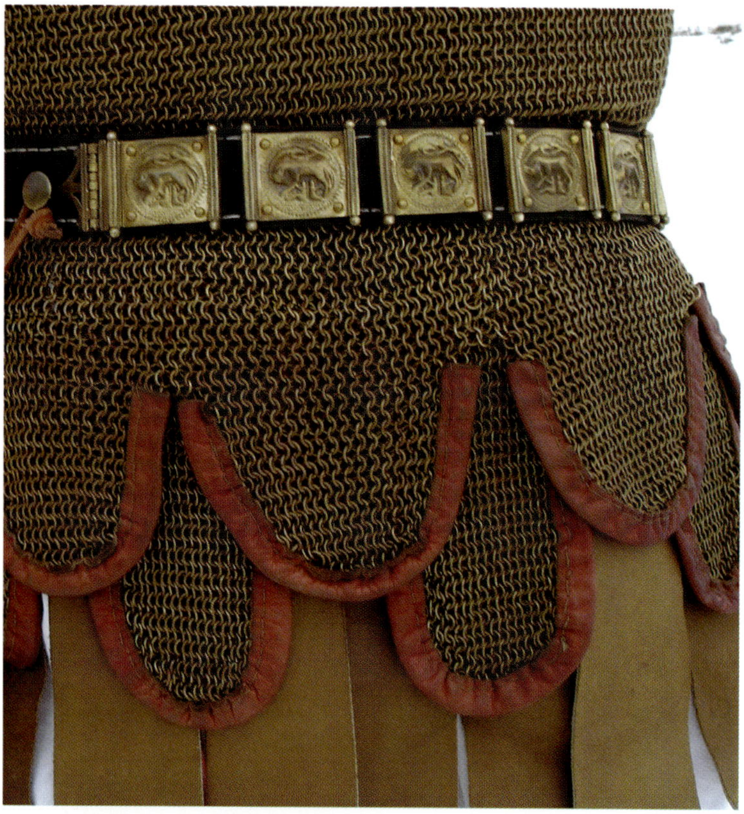

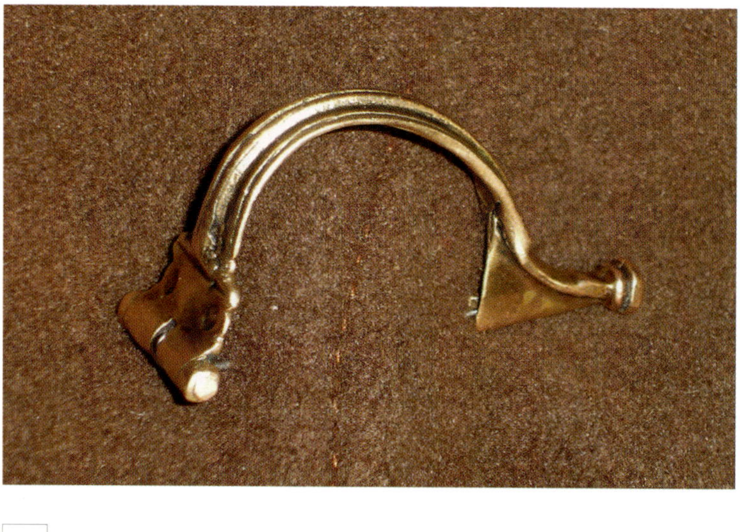

Pour le reste, notre homme est équipé comme son voisin. Sa cotte de mailles est constituée, en revanche, d'anneaux de bronze, ce qui est avéré par des découvertes archéologiques, notamment à Pontoux, dans la Saône. Le bas de la cuirasse est festonnées sur deux rangées bordées de cuir, d'après la stèle d'un centurion de la XIe légion conservée à Vérone. Les plaques et pendentifs de son *balteus* reproduisent de magnifiques artefacts de Vindonissa figurant Romulus et Remus allaités par la louve. Comme le montre un relief sur une base de colonne du musée de Mayence, notre *vexillarius* porte sur les épaules un manteau *(sagum)* frangé, fermé par une fibule de type *aucissa*. Copiée d'après une pièce du musée de Bonn, la plaque supérieure du fourreau de son glaive figure les portraits des princes de la famille d'Auguste : Gaius César, Julie et Lucius César. Son poignard est reproduit, quant à lui, d'après une pièce de Vindonissa. Il est en bois recouvert de cuir et tapissé d'une plaque gravée et argentée. Son petit bouclier rond est décoré d'une scène détaillant une campagne militaire, depuis le départ en guerre jusqu'au triomphe. Ce dessin hypothétique a été imaginé en compilant plusieurs documents antiques.

Nos deux porte-enseignes sont équipés pour supporter les froidures de l'hiver, qui s'éternise toujours trop long-

temps dans ces régions du Nord, au grand dam des soldats romains qui y sont en garnison. Ils portent des braies gauloises ou des pantalons courts, des chaussettes, une écharpe ou un foulard, et l'un d'eux a enfilé un vêtement à manches longues sous sa tunique blanche, barrée de bandes décoratives verticales *(clavi)* rouges.

MAR

Légionnaire antesignanus Legio XIIII Gemina Révolte des Gaules 21 apr. J.-C.

Une double mission de surveillance

La suspension des offensives en Germanie ne signifie pas que Rome met globalement un terme à son désir d'expansion. Il est dans son ambition de régenter le monde. Mais après de si longs et infructueux efforts, Tibère préfère consolider la frontière de Germanie grâce à une armée forte de huit légions, ramenée et casernée le long du Rhin. Toute l'armée de Pannonie et de Germanie s'est récemment mutinée, poussée par des conditions de service très pénibles dans cette partie du monde, aggravées par la proximité d'un ennemi toujours actif et les rigueurs du climat. La Germanie, dit-on, n'attire que les vagabonds et les indigents : seule population prête à ce sacrifice pour échapper à une misère plus grande encore. C'est pourtant avec cette armée rude et prompte à la grogne, que les généraux romains vont assurer pendant un demi-siècle la sécurité au nord de l'Empire. Sa mission est double : faire obstacle aux incursions des Germains, mais aussi surveiller la Gaule, qui pourrait vouloir secouer le joug romain. En effet, la reddition de Vercingétorix n'a pas sonné le glas des espoirs d'indépendance des Gaulois. La conquête de la Gaule se poursuit jusqu'en 6 av. J.-C., commémorée par l'érection d'un trophée monumental à La Turbie, près de Monaco.

Un complot d'officiers romains

Au début du Ier siècle de notre ère, la Gaule est un pays riche qui bénéficie de la *pax romana*. Considérée comme pacifiée, presque toute présence militaire en a été évacuée aux alentours de 12 av. J.-C. et redirigée vers la Germanie. Beaucoup de Gaulois servent d'ailleurs maintenant dans les rangs de l'armée romaine. C'est le cas notamment de Julius Sacrovir et Julius Florus, qui se font bientôt les porte-parole d'une Gaule mécontente et exsangue. En effet, l'énormité de l'effort de guerre, les abus des administrateurs romains ou gaulois mis en place par le pouvoir impérial, et les opérations cadastrales pour loger des vétérans, annoncent de lourdes charges financières. Mais l'insurrection est mal planifiée et déclenchée prématurément en l'an 21. Les Andécaves de l'Anjou sont écrasés par une seule cohorte (auxiliaire ou urbaine) venue de Lyon, et les Turoniens de Touraine sont anéantis par un corps de légionnaires envoyé de Germanie Inférieure. L'action de Florus en Belgique échoue elle aussi, et il est battu et tué par un détachement de cavaliers auxiliaires, originaire de la région de Trèves, comme lui. Peu après, les forces de Sacrovir, évaluées à 40 000 hommes, se concentrent près d'Autun, mais se font laminer par les détachements des légions de Germanie, notamment des IIe *Augusta* et XIIIIe *Gemina*, dont un de leurs cantonnements a été fouillé à Aulnay-de-Saintonge.

L'équipement

Notre légionnaire romain est reconstitué d'après la stèle funéraire de Publius Flavoleius Cordus, mort à 43 ans après 23 ans de service. L'homme appartient à la légion XIIII *Gemina* (notez la façon d'écrire le chiffre romain), conservée au musée

de Mayence. Le surnom de *Gemina*, qui signifie « Jumelle », vient de ce que les restes de plusieurs légions furent fondus pour constituer cette nouvelle unité. Javelines et bouclier ovale semblent indiquer au premier coup d'œil un soldat de l'infanterie auxiliaire. Il n'en est rien ; Cordus est bel et bien un légionnaire.

On se serait en effet plutôt attendu à découvrir un bouclier cintré *(scutum)* entre les mains de notre légionnaire, et non la *parma* ovale et plate que l'on voit distinctement sur la stèle de Cordus, du modèle que portent traditionnellement les soldats auxiliaires. On le verra au fil des pages, mais ce qui semble être une étrangeté n'en est pas une en réalité. À la lumière de différents reliefs, il apparaît évident qu'aucune forme de bouclier ne peut être formellement attribuée à un corps de troupe en particulier. Des légionnaires ont porté la *parma* (voir p. 68-71), ou des boucliers oblongs que l'on aperçoit aussi chez les cavaliers. D'après la colonne Trajane, nous connaissons de même des unités auxiliaires équipées du *scutum*. Seuls les cavaliers apparemment n'ont jamais eu de *scuta*, trop incommodes à cheval. La forme du bouclier est plutôt à mettre en relation avec la manière de combattre du soldat qui le porte. La section incurvée du *scutum* est en effet plus adaptée à un homme qui combat au corps à corps, car elle lui procure une protection plus enveloppante. Le soldat qui escarmouche de loin en jetant des javelots, sans venir directement au contact de son adversaire, n'a besoin quant à lui que d'un écran simple pour parer les projectiles dont il serait la cible. Le cintrage du bouclier est pour lui accessoire. Le motif décoratif est ici restitué d'après le monument funéraire d'un porte-enseigne de cette même XIIIIe légion : une des rares pour lesquels un insigne distinctif de cohorte (épisème) soit identifié. Les couleurs restent cependant hypothétiques.

De fait, il n'est donc pas totalement surprenant de découvrir notre homme armé de plusieurs javelines au lieu du classique *pilum* en usage dans les légions (les auxiliaires, semble-t-il, n'en avaient pas). Sur la stèle, on distingue nettement la courroie de propulsion en cuir *(amentum)* enroulée autour la hampe, et qui permet de multiplier par deux la portée du lancer. Habituellement, ces armes de jet équipent plutôt les vélites de l'infanterie légère, ou les cavaliers, c'est-à-dire des auxiliaires. On est donc en droit de supposer que le légionnaire Cordus fait alors office de vélite au sein de son unité, ce qui contre-

dit l'idée que dans les légions chaque combattant est un fantassin lourd qui ne combat que d'une seule façon. Il ne peut en être ainsi en effet, car la légion peut se voir engagée dans une bataille sans le secours de ses auxiliaires, et elle doit donc être en mesure de pallier cette déficience tactique. Flavoleius Cordus occupe donc peut-être un poste de vélite dans la XIIIIe légion, dans les rangs de ceux qui se battent en première ligne, devant les enseignes *(antesignani)* pour les protéger. Notre homme porte ses javelines dans le dos, de façon pratique, dans un carquois de grosse toile. Il peut en extraire aisément ses armes pour les jeter sur l'ennemi.

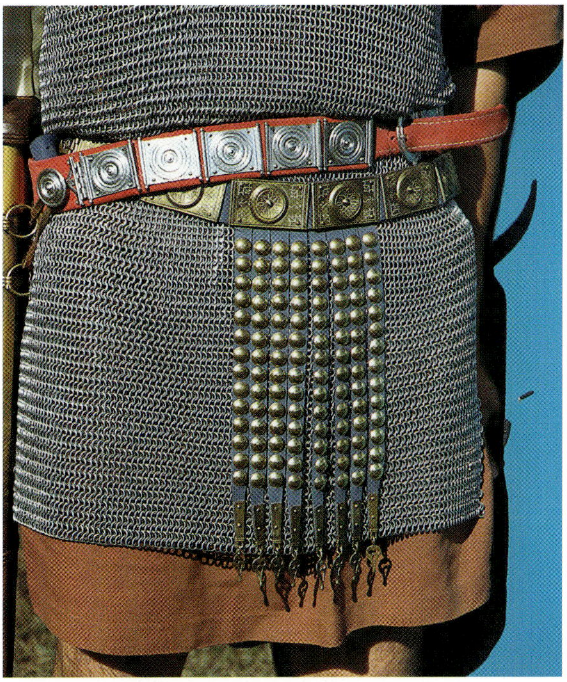

Comme souvent sur les stèles funéraires, l'homme est représenté en tenue de repos, sans casque ni armure. Nous avons imaginé le revêtir de la classique cotte de mailles. Les épaulières sont longues, liserées de cuir, et arrimées sur la poitrine par les crochets que l'on trouve en Germanie, dont les extrémités figurent une tête de bélier. La cotte est fendue sous les hanches pour faciliter les mouvements. La cuirasse est serrée à la taille par un double ceinturon garni de plaques. Notez les cuirs de couleur, dont les Romains sont friands, comme en témoignent les restes exhumés en fouilles. Le *balteus* bleu porte un tablier clouté à huit lanières, comme en montrent de nombreuses stèles de soldats de Germanie de l'époque julio-claudienne. Les plaques métalliques rivetées présentent un motif décoratif très courant à partir du deuxième quart du Ier siècle apr. J.-C., avec des reliefs circulaires concentriques. Elles sont en laiton sur la ceinture bleue, et en laiton étamé sur la rouge.

Le poignard, comme le glaive, est suspendu à la ceinture sur la hanche gauche, grâce à deux boutons montés sur charnières. Le glaive est la copie d'un magnifique artefact des ateliers militaires du camp de Vindonissa en Suisse. La plaque centrale du fourreau figure les foudres de Jupiter; le registre supérieur montre un prisonnier à genoux entouré de dépouilles; sur l'extrémité inférieure sont visibles un trophée et un cavalier romain foulant sous les sabots de son cheval un Germain vaincu. Nous avons là un bel exemple de décoration emprunté à la propagande impériale. Tous ces reliefs sont argentés.

Le casque est un modèle classique de la famille dite « Haguenau », du nom du casque éponyme retrouvé en Alsace. Ce type de casque a été élaboré durant les réformes militaires d'Auguste, et restera en usage pendant une grande partie du Ier siècle de notre ère. Il est en laiton et présente plusieurs innovations. Le couvre-nuque s'élargit progressivement pour mieux protéger la nuque et les épaules; le front supporte une « visière » rivetée qui renforce le timbre du casque contre les coups de taille; les garde-joues sont découpés de manière à dégager aussi les oreilles. L'original de ce casque a été émergé d'une gravière de Xanten-Wardt en Allemagne. La pointe est fendue et percée pour la fixation d'une crête. Des tubes rivetés sur les tempes peuvent être garnis de plumes.

Cavalier légionnaire *Legio X Gemina* Campagne contre les Frisons 28 apr. J.-C.

Une cavalerie principalement auxiliaire

Sous l'Empire, la cavalerie est essentiellement composée de régiments auxiliaires *(alæ)*, comptant environ 500 *(alæ quingenariæ)* ou près d'un millier *(alæ milliariæ)* de chevaux, subdivisés en escadrons *(turmæ)* d'une trentaine de cavaliers, commandés chacun par un décurion. Le mot *ala* vient de ce que les cavaliers, en ordre de bataille, sont généralement placés sur les ailes de l'infanterie, pour s'élancer facilement sur l'ennemi et le déborder pour l'attaquer de flanc ou à revers. En ce sens, par sa mobilité et sa rapidité, la cavalerie est l'adjointe indispensable de l'infanterie, reine des batailles pour sa part. Chaque légion a aussi ses cavaliers, recrutés chez les citoyens romains. Leur nombre est limité à 120 cavaliers par unité, cantonnés surtout aux missions de renseignement, comme éclaireurs ou estafettes. Mais lorsqu'un combat s'annonce, les cavaliers de plusieurs légions sont réunis pour former une troupe conséquente, et tous participent à la bataille. C'est notamment le cas lors de la révolte des Frisons, en 28 apr. J.-C.

Soulèvement en Frise

Dès le début de la conquête de la Germanie, les Romains signent des alliances avec des tribus locales, comme les Bataves ou les Frisons qui vivent sur les rivages de la mer du Nord, et qui connaissent bien le terrain et les techniques de guerre de l'ennemi. En contrepartie de leur aide, des exemptions ou des avantages leur sont concédés. Mais en 28 apr. J.-C., un centurion du nom d'Olennius, détaché en Frise pour contrôler la région, change à sa guise les données de l'accord, et conduit les Frisons, réduits aux dernières extrémités, à se révolter. Apronius, propréteur de Basse-Germanie, rassemble aussitôt des détachements des légions et l'élite de l'infanterie et de la cavalerie auxiliaire. La confrontation a bientôt lieu. Les Frisons se sont rangés en bataille sur une presqu'île qu'entoure une lagune, espérant que les Romains s'y engagent et s'enlisent. Mais ceux-ci construisent des ponts et des chaussées pour permettre aux légions de passer à sec, pendant qu'une aile auxiliaire et de l'infanterie légère germanique traversent un gué pour tomber sur les arrières de l'ennemi. Ces forces sont toutefois repoussées, malgré l'appui de la cavalerie légionnaire. Devant cette résistance inattendue, Apronius dépêche plusieurs cohortes auxiliaires, mais il commet l'erreur de les envoyer les unes après les autres. Toutes sont vaincues. Il se résout enfin à lancer ses légionnaires. Ces derniers combattent pied à pied et repoussent les Frisons, permettant ainsi à la cavalerie durement éprouvée de regagner les lignes. La victoire est chèrement payée. Les auxiliaires ont été décimés et Tacite parle de nombreux préfets, tribuns et centurions de premier rang tués.

L'équipement

D'après les témoignages lapidaires de Rhénanie, qui les montrent souvent fouler sous les sabots de leur monture un barbare tombé à terre, l'équipement de la cavalerie est relativement standardisé, et cavaliers auxiliaires et légionnaires se ressem-

blent. La description de notre soldat et de sa monture vaut donc aussi pour les ailes auxiliaires. Plusieurs stèles ont aidé à reconstituer notre personnage et sa monture, notamment les monuments funéraires du soldat Venatorix de l'*ala Longiniana*, et de C. Romanius Capito de l'*ala Noricum*, tous deux datés du milieu du Ier siècle de notre ère. La majorité de ces documents montre des boucliers ovales ; Venatorix est équipé quant à lui d'un bouclier hexagonal. Seule la face interne du bouclier est visible. Le motif et les couleurs sont donc hypothétiques sur notre reconstitution, mais correspondent à des épisèmes courants à cette époque. Notez le cartouche *(tabula ansata)* en haut du bouclier indiquant l'unité de son propriétaire : « EQ LEG X » (« cavalier de la Xe Légion », qui tient alors garnison à Nimègue, dans le nord de la Hollande). L'homme a préféré border de cuir son bouclier, car les bandes de métal pourraient tailladar le cheval. Pour combattre et garder les mains libres pour tenir les rênes, mais aussi pour ne pas perdre son bouclier, il le suspend à une courroie de cuir passant sur l'épaule droite.

Contrairement à Venatorix qui porte une cuirasse d'écailles, notre cavalier a préféré endosser une cotte de mailles. Comme sur la stèle, les épaulières ont la forme classique des cottes de fantassins, mais il est courant au Ier siècle de voir des doublures d'épaules en forme de petite cape, dont les bords sont retroussés sur la poitrine, comme on peut l'observer sur le relief de Romanius. Cette doublure est bordée de cuir et maintenue par de larges rivets. La cuirasse est courte et fendue sur les côtés, pour bien dégager le bassin et faciliter la monte. Pour cette même raison, le cavalier porte une tunique de laine raccourcie (de couleur rouge, pour la bataille) et un pantalon court *(feminalia)* de cuir pour atténuer les effets cuisants de la selle et d'une trop longue chevauchée. La tunique peut aussi comporter des manches longues, fendues à leur extrémité et retroussées sur les poignets. Comme le montre la colonne Trajane, le foulard porté sous la cuirasse pour se préserver des frottements, peut également se porter à l'extérieur, tombant sur la poitrine. Aux pieds, l'homme porte des *caligae* militaires classiques, mais des bottines sont aussi utilisées, de même sans doute que des guêtres. Les éperons sont un emprunt aux Celtes, qui fournirent dès la fin de la République de nombreux cavaliers à Rome. Ils sont ici reconstitués d'après une trouvaille de Vindonissa.

Les casques de cavalerie au début de l'Empire sont encore probablement similaires à ceux des fantassins, comme le suggèrent les cavaliers sculptés sur l'arc d'Orange (cavalerie légionnaire ?). Cependant, sur ce même monument, apparaît pour la première fois un casque de cavalerie bien attesté par les fouilles : le type « Weiler », du nom du site luxembourgeois où fut faite la première découverte archéologique. Celui-ci se caractérise par un timbre en fer, plaqué d'une feuille de bronze (exceptionnellement en argent) estampée de manière à reproduire une chevelure ondoyante. Peut-être cette pratique fut-elle adoptée pour imiter un premier modèle couvert d'une véritable perruque, flottant dans le vent pour accentuer l'aspect effrayant du cavalier au galop, que l'on peut deviner sur les reliefs d'Orange ? Les restes d'un casque

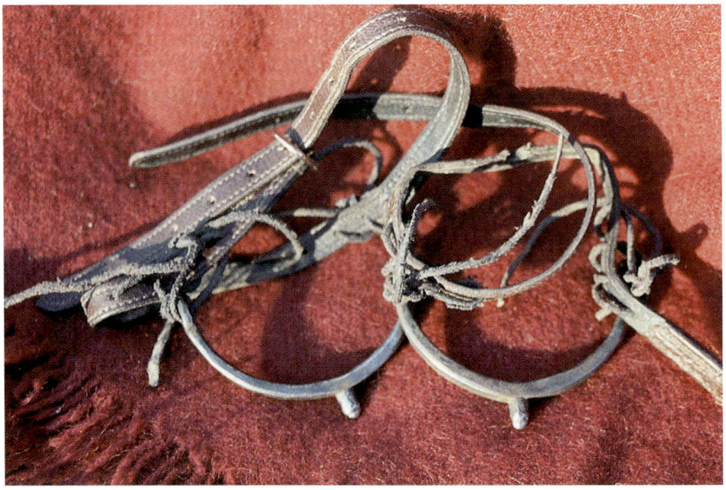

de Xanten présentent encore les traces d'un revêtement textile sur la bombe, qui pourrait être le support d'une de ces perruques. Suivant l'évolution des casques d'infanterie, les casques de cavalerie se dotent dans les premières décennies du Ier siècle apr. J.-C. de renforts proéminents au niveau des oreilles. Les garde-joues en revanche, décorés ou non, se distinguent dans la cavalerie par une couverture totale des tempes et des oreilles. Le couvre-nuque est perpendiculaire au timbre et très court, pour éviter au cavalier désarçonné de se briser les vertèbres, ce qui ne manquerait pas de se produire avec un grand couvre-nuque tel qu'en présentent les casques d'infanterie.

Les cavaliers, qui ont besoin d'une allonge plus importante que les fantassins dans un combat à l'épée, sont de ce fait équipés, non du glaive court, mais d'une *spatha* longue : 70 à 80 cm, contre 50 à 60 cm pour le glaive. La photo ci-contre permet de juger la différence. La *spatha* de cavalerie adopte une même forme de lame, aux bords parallèles et à la pointe anguleuse et courte. Le fourreau est du même modèle que celui du *gladius* contemporain, avec une chape en laiton finement ajourée de motifs floraux. Un baudrier soutient la *spatha* sur le flanc droit, mais les reliefs nous montrent souvent l'épée fixée directement à une ceinture, confectionnée ici d'après des artefacts de Vindonissa. Fixé sur le flanc gauche, le poignard est une copie fidèle d'un magnifique exemplaire exhumé à Velsen en Hollande.

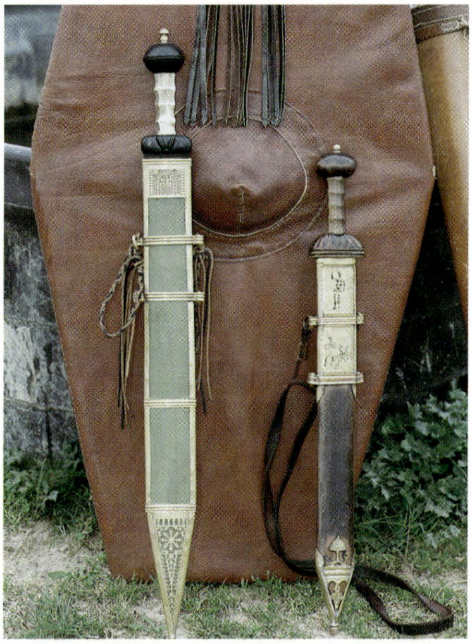

S'il existe des ailes d'archers montés, la plupart des cavaliers sont armés de la lance ou de javelines contenues dans un long carquois de cuir suspendu à la selle, comme le confirme l'historien Flavius Josèphe (*B.J.*, III, 96-97).

Notre cavalier monte un cheval de la race « barbe », connue des Romains, et qui trouve son origine en Afrique du Nord. Leur stature et leur robustesse en ont fait de tout temps des montures idéales pour la guerre. Plus récemment, le maréchal Rommel en expédia plusieurs milliers à destination de la cavalerie allemande engagée sur le front de l'Est durant la Seconde Guerre mondiale.

L'ÉQUIPEMENT DU CHEVAL

Les Romains utilisent la selle *(scordiscus)*, empruntée aux Gaulois. D'après César, les Germains la refusent parce qu'elle offense leur virilité. On la voit figurée pour la première fois sur le monument des *Julli* à Saint-Rémy-de-Provence. Elle se compose d'une armature de bois qui soulage le dos du cheval en reportant le poids du cavalier sur les flancs. Cette armature est rembourrée et gainée de cuir. Des cornes de bois renforcées de plaques de bronze émergent aux quatre coins, pour encadrer le cavalier et le maintenir solidement en place, lui procurant ainsi une très grande liberté d'action, et ce bien avant l'invention des étriers. Ces cornes sont très pratiques pour y suspendre le paquetage du soldat : gourde, gamelle, marmite, filets de provisions, couverture, sacoches contenant de menus effets personnels, comme on peut en voir sur la photo ci-contre (pour le détail, voir p. 78-79). L'homme y accroche aussi ses armes : bouclier et carquois de javelines. Avant de seller sa monture, il pose sur son dos un tapis de selle en grosse laine, parfois frangé, ou une peau de mouton. Mais il peut aussi ajouter une autre pièce de tissu par-dessus la selle avant de s'y asseoir.
Le *scordiscus* est maintenu par une large sous-ventrière et diverses sangles passant sur la croupe et l'encolure du cheval. L'archéologie nous fournit quantité d'exemples d'appliques décoratives de harnais militaires. Certains sites se sont très tôt spécialisés dans ce genre de production, comme celui d'Alésia en Bourgogne. De très nombreuses trouvailles ont été également faites à Vindonissa en Suisse. Ces sangles sont reliées entre elles par de simples anneaux ou par de larges phalères. Des sangles accessoires, purement décoratives, pendent encore sur les flancs de la monture. En

plus des appliques, le harnais se garnit également de pendentifs de tailles variables, argentés et niellés, représentant souvent des lunes, des décors végétaux ou des phallus qui éloignent le mauvais œil. L'un des plus beaux exemples de harnais retrouvés à ce jour provient de Xanten en Allemagne ; on peut, grâce à une inscription, l'attribuer à Pline l'Ancien, qui occupait alors la charge d'officier de cavalerie. Lors des grandes occasions (comme les parades ou la distribution de la solde), ces harnais peuvent s'enrichir de divers éléments, comme des colliers de perles de verre ou des guirlandes de franges textiles. La crinière et la queue du cheval peuvent aussi être soigneusement peignées et tressées. Sur la selle peuvent encore s'attacher de larges bandes de cuir garnies de plaques métalliques estampées ou ajourées d'une très grande finesse, comme on peut en admirer au musée de Xanten.
Le mors employé par la cavalerie romaine est lui aussi un emprunt aux Gaulois. Mais cette pièce métallique est très agressive pour le cheval, et un filet simple a été préféré sur notre reconstitution. La tête du cheval est dans ce cas garnie d'un caveçon (ou *psalion* en grec) en bronze.
Sans étrier, le cavalier doit se faire aider pour grimper sur le cheval, ou se propulser lui-même au sommet en s'aidant des cornes de la selle. L'exercice n'est pas évident avec 20 kg d'armement sur le dos, et il faut beaucoup d'entraînement. Heureusement, les chevaux utilisés par l'armée romaine sont petits et trapus, de 1,46 à 1,54 m au garrot, ce que corroborent les squelettes de chevaux romains retrouvés dans les fouilles, notamment sur le site de la bataille de Krefel-Gellep en Allemagne, daté de 70 apr. J.-C. Les chevaux germains étaient encore plus petits et très laids aux yeux des Romains, qui leur préféraient les animaux achetés en Espagne et en Gaule.

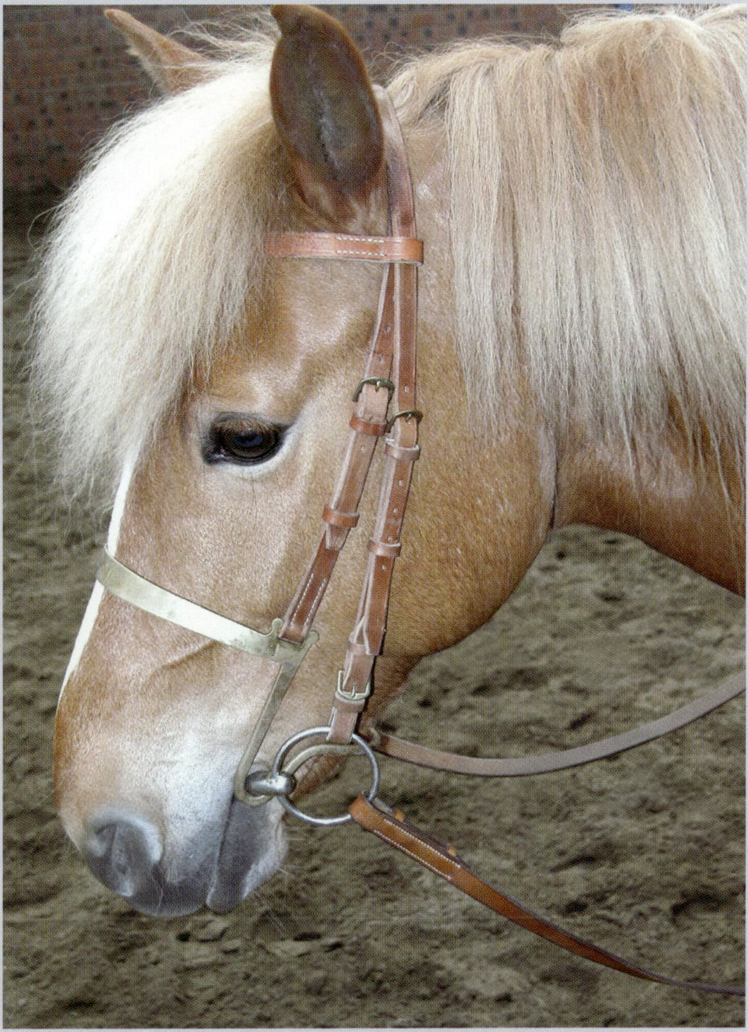

Prétorien en tenue de parade
Cohors prætoria
Avènement de l'empereur Claude
41 apr. J.-C.

La garde rapprochée des empereurs

La formation des cohortes prétoriennes trouve probablement son origine dans le désir de Scipion l'Africain, au IIe siècle av. J.-C., de se constituer une garde rapprochée avec des soldats choisis pour leur vaillance. Leur nom vient du fait qu'elles plantent leurs tentes près du *prætorium*, c'est-à-dire près des quartiers du commandant. Tous les chef d'unité, par la suite, ont une escorte armée, parfois volontairement composée de barbares, voire de gladiateurs, que l'on imagine étrangers aux querelles de partis, et donc plus sûrs et fidèles. César, et après lui Octave, eurent une garde d'Espagnols, et ce dernier eut aussi 250 Germains à son service, qu'il licencia après le désastre de Varus. Mais, par « prétoriens », on entend depuis Auguste les 4 500 hommes enrôlés pour la sécurité de l'empereur, et rangés dans 9 cohortes, réparties pour certaines chez l'habitant, pour d'autres, dans les faubourgs de Rome. Tibère, son successeur, les regroupe et leur construit une caserne en 23 apr. J.-C. Caligula ajoute 3 nouvelles cohortes ; Vitellius, 4 supplémentaires ; Domitien, à la fin du Ier siècle, les ramène à 10. Très bien payés et effectuant un service court, les prétoriens sont l'objet de l'antipathie et de la jalousie des légions.

Claude, un réformateur apprécié des militaires

Aux prétoriens, la postérité a taillé une réputation exagérée de faiseurs d'empereurs. Bien qu'il soit vrai que le soutien de la garde soit important, bien d'autres facteurs entrent en compte dans le choix d'un empereur. Galba, bien que porté par les prétoriens jusqu'au trône, mourra de n'avoir pas su se les concilier. À la mort de Caligula, en janvier 41, assassiné par un préfet du prétoire, ancien centurion de Germanie, les prétoriens tentent d'imposer un candidat qu'ils espèrent docile et complaisant, pour prendre de vitesse le Sénat qui imagine alors abolir le Principat et restaurer la République. L'histoire veut que les prétoriens aient débusqué derrière une tenture un Claude apeuré, suppliant qu'on lui laisse la vie ; scène qui a inspiré une peinture célèbre à Alma Tadema. Le premier après Auguste, Claude réorganisera le *cursus* des officiers de rang équestre. Après le commandement d'une cohorte, ils pourront désormais commander une aile de cavalerie, et occuper ensuite un tribunat de légion.

L'équipement

Cette reconstitution est largement conjecturelle. Elle se fonde sur plusieurs documents croisés. Le premier est la célèbre mosaïque nilotique de Barberini à Palestrina, dont la date incertaine ne cesse d'opposer les spécialistes ; le second est une monnaie de Caligula montrant l'empereur haranguant ses prétoriens ; le dernier enfin est le fameux relief du Louvre figurant apparemment des officiers et soldats du prétoire, même si la présence d'un porteur d'aigle au second plan reste mystérieuse, car c'est

une enseigne inconnue de la garnison de Rome. Ce dernier monument – probablement un fragment de l'arc de Claude édifié en 51 de notre ère – a largement contribué pendant des siècles à véhiculer une image stéréotypée et fausse du soldat romain, prétorien ou non, notamment à travers ce casque à la forme si caractéristique, que l'on a vu ensuite porté dans tous les péplums ou bandes dessinées. En réalité, nous ne savons pas si ce couvre-chef a vraiment existé, ou s'il s'agit simplement d'une licence artistique. On peut cependant raisonnablement croire à sa réalité, vu la finesse des détails sur les sculptures du Louvre (en partie refaites), ou encore sur une splendide tête du musée de Berlin ou des figurines du musée de Naples. La reconstitution ci-contre s'inspire de ces représentations, et joue sur le contraste des placages précieux, or et argent, que ne devaient pas manquer d'afficher ostensiblement de tels casques de parade, qui plus est dans la garde de l'empereur. De telles nuances de couleurs étaient chose courante dans l'armée romaine, même dans les corps de troupe de statut inférieur. Le soldat romain, quel que soit son rang, aime paraître à son avantage, et investit pour cela de vraies fortunes dans son équipement, qu'il paie de sa poche dès son engagement. Ce casque est également nettement visible sur la monnaie de Caligula précitée. La crête est faite de plumes de coq, mais il est possible aussi que des plumes d'autruche aient été préférées ; le relief du Louvre est sur ce point difficilement déchiffrable. Le blanc du panache a été choisi d'après la mosaïque de Barberini, qui nous montre plusieurs soldats vêtus de blanc et arborant sur leur casque de longues crinières de même couleur.

Le débat n'est pas clos sur la datation de la mosaïque, pas plus que sur la nature de la scène représentée. Cependant, on est en droit de croire à la présence de gardes prétoriens dans les soldats munis de boucliers rectangulaires, typiquement romains. Ces *scuta* en forme de tuile montrent sur leur face extérieure un grand scorpion peint sur un fond rouge liseré de jaune. Or justement, le scorpion est l'insigne des prétoriens, car il rappelle la réorganisation de la garde opérée par Tibère, né sous la constellation du scorpion (au mois de juin). Cet animal est présent sur d'autres monuments prétoriens, comme la tête du musée de Berlin mentionnée précédemment, mais aussi sur le relief de Pompeius Asper à Rome, figurant une enseigne de la IIIe cohorte prétorienne. Copié d'après la mosaïque de Palestrina, notre homme porte donc ce bouclier rectangulaire qui apparaît aussi sur la monnaie de Caligula, preuve que les prétoriens en tenue de parade (comme le suggère leur casque) ont arboré cet équipement. Ces boucliers apparaissent plus petits que l'image qu'en donnent les reconstitutions modernes, qui s'inspirent à tort d'un artefact du IIIe siècle apr. J.-C. Les housses de bouclier en cuir du Ier siècle retrouvées à ce jour indiquent plutôt des largeurs avoisinant les 60-65 cm pour l'époque qui nous concerne. L'*umbo* est peint en noir pour se confondre sur le fond.

Pour sa part, le relief du Louvre affiche d'anciens boucliers républicains entre les mains des soldats, de forme ovale, comme on en retrouvera d'ailleurs sur le relief de la Chancellerie de Rome, quelques décennies plus tard. Toutes les cohortes n'avaient peut-être pas le même bouclier, ou, plus probablement, les prétoriens en avaient plusieurs chacun, choisis selon les circonstances.

Comme la crête, nous avons restitué le reste de la tenue de couleur blanche, comme le montre la mosaïque. C'est la couleur de vêtements portée par les centurions et les tribuns lors de l'entrée dans Rome de l'armée de Vitellius, en 69, ce qui doit sans doute correspondre à une couleur réservée aux grandes occasions de par sa connotation religieuse, car elle symbolise la pureté (voir aussi H.A., *Les deux Galliens*, VIII, 1). Notre soldat porte donc une tunique blanche, un *subarmalis* de même teinte aux extrémités frangées d'or, et une large casaque par-dessus, également blanche. Ce dernier vêtement, inspiré du relief du Louvre, est visible sur d'autres monuments, porté notamment par un légionnaire sculpté sur la base d'une colonne découverte dans l'ancien quartier général du camp de Mayence. À quoi pouvait bien servir cette dernière pièce d'étoffe ? Peut-être tout simplement à cacher l'armure, ou plutôt à masquer l'absence d'armure, que le service au palais n'imposait peut-être pas. Sur la sculpture du Louvre, les officiers (un centurion et un tribun ?) ont endossé quant à eux la cuirasse musclée. La tenue de notre soldat se complète d'une paire de brodequins *(calcei)*. Son *balteus* est simple, pourvu de plaques décoratives copiées d'artefacts de Vindonissa, et de trois lanières lestées mais non cloutées.

Apparu sans doute sous le règne de Claude, un nouveau glaive remplace progressivement le modèle Mayence. On le distingue communément sous le nom de glaive « Pompéi », en raison des découvertes faites dans cette ville. Sa lame mesure une cinquantaine de centimètres, et comporte des tranchants parallèles et une courte pointe anguleuse. Le fourreau n'est plus entièrement couvert de décorations comme sur les modèles Mayence ou Fulham. Elles se limitent désormais à la partie supérieure, et parfois à la pointe inférieure. Mais la suppression de ces plaques entraîne une fragilisation du fourreau qui, rappelons-le, couvre le flanc droit du soldat, non protégé par le bouclier. De fait, on peut raisonnablement penser que ce fourreau est recouvert d'un cuir brut très résistant, pour pallier cette déficience. Des palmettes sont une garniture courante sur le nouveau modèle Pompéi, comme c'est le cas ici. Un médaillon à l'effigie de l'empereur orne encore le centre du fourreau. *Pugio* et *gladius* sont reconstitués d'après des éléments exhumés des ateliers militaires de Vindonissa. L'homme est encore armé d'un javelot.

La cohorte prétorienne de faction au palais porte quant à elle la toge, et cache l'épée sous les amples plis. En temps de guerre, il semble que l'équipement des prétoriens n'ait pas été très différent de celui des légionnaires, mais avec des insignes propres pour les distinguer.

Centurion Legio VIII Augusta Opérations au nord de la mer Noire 49 apr. J.-C.

Guerre dans le Bosphore

Mithridate, roi détrôné du Bosphore, profitant de la faiblesse du contingent romain dans la région, entre en guerre à la tête d'une coalition de peuples voisins contre son rival Cotys, partisan de Rome. Pour lui faire face, ce dernier demande l'aide d'Eunonès, roi de la nation des Aorses, installée sur la rive septentrionale de la mer Caspiennne. Arrivée directement de ses casernements de Pannonie, La VIIIe légion *Augusta* participe à la guerre sous le commandement du légat de Mésie, Didius Gallus. Rapidement vaincu, Mithridate implore sa grâce par l'intermédiaire d'Eunonès, auprès duquel il se constitue prisonnier. Mais l'empereur Claude refuse. Mithridate est alors conduit à Rome par le procurateur du Pont et livré au regard de la foule.

Le siège d'Uspé

Cotys avance à la tête de son armée, suivi des cohortes romaines de Didius Gallus, des troupes du Bosphore organisées à la romaine, et des cavaliers d'Eunonès en arrière-garde. La résistance est faible et Mithridate recule en abandonnant du terrain et des cités. Cotys et ses alliés passent ensuite le fleuve Panda pour attaquer le peuple ennemi des Siraques, et mettent le siège devant leur ville d'Uspé. Aussitôt, les ingénieurs romains disposent des machines qui démantèlent facilement les remparts de torchis, tandis que les tours d'assaut qui les surplombent permettent aux vélites et aux archers de cribler ses défenseurs sous des nuées de projectiles. La nuit interrompt le combat. Comprenant que toute résistance est vaine, des députés siraques offrent la reddition de la ville et promettent 10000 esclaves. Mais parce qu'ils ne peuvent se charger d'autant de prisonniers, les Romains rejettent cette proposition et donnent le signal de l'assaut et du carnage, en vertu du droit de la guerre. Intimidées par cet exemple sanglant, les autres villes déposent les armes.

L'équipement

Le centurion commande traditionnellement une centurie de 80 soldats environ, excepté dans la première cohorte qui compte un effectif double. Deux centuries forment un manipule, et trois manipules une cohorte. Il y a dix cohortes dans chaque légion. On compte en fait un peu plus d'une soixantaine de centurions dans chaque unité. Certains occupent des tâches purement administratives, d'autres sont mis à la tête des corps de vétérans ou de la cavalerie légionnaire. Comme pour notre personnage des pages 18 à 21, son rang est indiqué par des insignes immédiatement reconnaissables par la troupe, et qui se déchiffrent plus rapidement que nos modernes galons militaires. En premier lieu, citons la *crista transversa*, ici en crin de cheval noir ; le port du glaive et du poignard inversé par rapport aux soldats ; et enfin le port de jambières. Celles-ci sont vraisemblablement exhibées seulement pour les parades.

L'homme a enfilé des bas de tissu ou des bandes molletières pour les maintenir et les empêcher de glisser et de gêner l'articulation de la cheville. S'ils ont su imaginer et fabriquer des pièces d'armement pratiques et efficaces, force est de constater qu'en matière de protection de jambe, les Romains n'ont pas réussi à égaler la qualité des cnémides grecques. Marcher avec de telles jambières est loin d'être un plaisir.

Bien qu'il n'arbore pas son harnais de décorations, le centurion est partiellement équipé pour la parade. Sa tunique n'est pas celle en effet que tout militaire porte au combat, de couleur rouge. Celle-ci est faite d'une fine étoffe de lin d'un blanc éclatant, barrée de diverses bandes bleues tissées dans la masse. Il semble que la garde-robe du soldat romain soit alors assez bien garnie, mais un tel vêtement n'est sans doute pas à la portée de toutes les bourses. De fait, il ne saurait être enfilé directement sous la cuirasse, qui ne manquerait pas de le salir et de provoquer des accrocs. Un *subarmalis* lui évite ce genre de désagrément. Celui-ci comporte des ptéruges de cuir noir, doublés et frangés. L'archéologie nous enseigne que les cuirs étaient généralement teints, fréquemment en noir ou en rouge. Les gradés bénéficient d'une solde élevée, ce qui leur permet de s'offrir un excellent équipement, confectionné avec des matériaux de bonne qualité. L'autre indice qui contredit une tenue de combat est l'écharpe ventrale (*ventralum* ou *fascia ventralis*) en laine rouge, attestée par les textes et la sculpture. Il n'est pas certain qu'elle soit ceinte sur la cuirasse, comme elle est pourtant présentée ici. Elle est enroulée normalement par-dessus la tunique (quand le soldat est au repos et déséquipé), pour mettre en valeur le riche ceinturon militaire, et accessoirement pour y glisser une bourse garnie. Le *cingulum* est ici argenté. La boucle est copiée d'une trouvaille d'Herculanum. Notez les languettes constellées de médailles gravées. Reconstitué d'après un artefact de Vindonissa, le *pugio* est suspendu à droite. Le fourreau est en bois, recouvert de cuir et garni d'une plaque métallique gravée de motifs le plus souvent géométriques, argentée et parfois niellée ou émaillée. Le glaive est quant à lui fixé à un baudrier, bouclé grâce à un fermoir en argent (l'usage d'une telle pièce est en l'occurrence hypothétique, car elle est sans doute plus simplement une attache de harnais de cheval). La lame est constituée de plusieurs qualités d'acier, dont les plus durs, à haute teneur en carbone, sont rapportés sur les tranchants. Le cœur est fait d'un acier plus tendre, damassé.

Datable sans doute des années 30-50 apr. J.-C., le casque de notre centurion est un modèle Weisenau classique, inspiré d'un très bel artefact rhénan détruit durant la Seconde Guerre mondiale. H. Russel Robinson, dans son étude célèbre sur les équipements défensifs romains, a attribué cette pièce en raison de sa très belle facture (têtes de rivets émaillées, bandes de laiton rapportées guillochées) à un soldat d'un rang élevé, peut-être un centurion. Les supports de cimier devaient certainement être taillés en bois, car aucune gaine métallique n'a jamais été retrouvée.

Cet officier fait partie de la VIIIe légion : la seule unité identifiée pour laquelle une dotation de *scuta* semi-cylindriques soit clairement attestée, grâce notamment à la stèle d'un de ses soldats du nom de Caius Valerius Crispus, et à quelques *umbones* rectangulaires. Ce bouclier en forme de tuile, dont on voit quelques exemplaires sur la page précédente, est extrêmement rare semble-t-il, contrairement à ce que nous laisse penser l'ima-

gerie populaire inspirée par les reliefs de la colonne Trajane. Sur ce monument, la très grande uniformité des équipements au sein des différents corps est suspecte, et insinue que ces représentations sont stéréotypées afin d'offrir aux spectateurs des codes facilitant la lecture des frises. Un autre indice de la rareté de cette pièce peut être apprécié au travers des restes de housses de bouclier en cuir retrouvés dans les camps militaires. Aucune ne témoigne de l'existence du bouclier semi-cylindrique, au point que certains chercheurs doutent même de sa réalité. L'hypothèse a été également émise qu'il n'aurait équipé que certaines légions spécialisées dans la formation de la « tortue », ce qui est hautement improbable, du fait que toutes les légions devaient être capables d'évoluer seules et de répondre à tous les besoins tactiques. Plus acceptable en revanche est d'imaginer, au sein de chaque légion, ces boucliers réservés à certains contingents spécialisés ou à certaines circonstances, comme aux sapeurs lors du siège d'une ville, car, mieux que les autres modèles, ces *scuta* sont susceptibles de composer un mur de protection impénétrable. Notre centurion, quant à lui, présente un bouclier ovale et lenticulaire. Tous les éléments décoratifs (épisèmes) sont découpés et formés dans du cuir brut, puis cousus sur le revêtement. Des vestiges de cuir présentant des traces de piqûres suggèrent cette reconstitution.

Cornicen Legio II Augusta Révolte de Boudicca 60 apr. J.-C.

Conquête de la Bretagne

En 43, Claude décide d'envahir l'île de Bretagne (Angleterre), pour éradiquer le druidisme soupçonné de véhiculer des idées nationalistes en Gaule. Quatre légions débarquent, dont la IIe *Augusta* sous les ordres de Vespasien, qui deviendra plus tard empereur. La conquête est longue et meurtrière. En 60 apr. J.-C., après avoir subi les exactions et les outrages des administrateurs romains, Boudicca, la reine des *Iceni*, profite de l'absence des légions occupées à détruire le principal sanctuaire druidique sur l'île de Mona (Anglesey), pour déclencher une insurrection qui se propage très vite. Camulodunum (Colchester) est prise et pillée. La garnison réfugiée dans le temple de Claude est anéantie, ainsi que les renforts de la IXe légion *Hispania* dépêchés de Lindum (Lincoln). Revenu en toute hâte à Londinium (Londres), le général Suetonius Paulinus décide d'abandonner la place, laissant la population se faire massacrer sans pitié. Verulamium (St Albans) connaît le même sort. En quelque temps, près de 70000 Romains et alliés sont exterminés. La IIe *Augusta* reste timidement cantonnée dans ses quartiers, tandis que les XIVe et XXe légions de Suetonius arrêtent les insurgés dans une ultime bataille. Vaincue, Bouddica s'empoisonne. Le nouveau légat de la IIe légion, qui n'avait rien osé entreprendre, se suicide lui aussi, de honte. Tacite parle de 80000 victimes du côté breton.

La musique militaire romaine

Dans l'armée romaine, les soldats obéissent aux ordres relayés de façons diverses: par la voix des officiers, par les signaux indiqués par le mouvement des enseignes, et enfin par les sonneries des trompettes. Il existe trois sortes de musiciens dans la légion, ayant chacun son répertoire. Durant la bataille, le *cornicen* joue du *cornu* (grand cor de chasse) pour diriger les enseignes; le *tubicen* sonne la charge et la retraite dans sa *tuba* (trompette droite), ainsi que les changements de garde, la levée du camp et lors des revues; le *bucinator* enfin fait entendre sa *bucina* (corne) lors des actes présidés par le légat et lors des rassemblements. *Cornua* et *tubæ* jouent également lors des cérémonies religieuses et dans les amphithéâtres. Les troupes auxiliaires et la cavalerie ont des instruments différents, mais le tambour est quant à lui inconnu dans l'ensemble de l'armée romaine. La légion compte dans ses rangs 39 *tubicines* et 36 *cornicines*, à raison sans doute d'un par manipule de 160 hommes; l'excédent doit être distribué dans les différents états-majors. Nous ne savons rien du nombre de *bucinatores*. Une hypothèse inspirée par des sources antiques voudrait que les joueurs de *cornu* et de *tuba* jouent également de la *bucina* en plus de leur instrument. Ne deviendrait pas *bucinator* qui veut; cette fonction serait attribuée aux meilleurs. Des différentes sonneries, nous ne saurons malheureusement jamais rien.

L'équipement

Le *cornu* nous est connu par de multiples bas-reliefs, mais aussi par trois instruments retrouvés en très bon état de conservation dans une taverne de Pompéi en

1884, et conservés aujourd'hui au musée de Naples. Les hampes de renfort ont malheureusement disparu, ainsi que les embouchures. Le *cornu* de Pompéi est un fin tuyau de bronze de 4,2 m de longueur, enroulé de manière à joindre pratiquement les deux extrémités : l'une reçoit l'embouchure, tandis que l'autre s'ouvre en un large pavillon pour amplifier des sonorités qui n'étaient pas sans rappeler le chant clair du coq. L'association du *cornu* et du coq est en effet courante dans la figurine ou la peinture romaine. Un autre instrument militaire et gladiatorial, la *tuba*, consistant en un tube droit, comme une longue trompette, émettait plutôt des sons rauques qui rappelaient les « grognements » de l'ours. La hampe de renfort en bois mouluré est nettement visible sur les représentations iconographiques. Elle se fixe au corps de l'instrument par deux bagues en bronze, dont certains artefacts montrent un grand souci d'élégance, comme en témoigne la reconstitution ci-contre, réalisée d'après une trouvaille de Murrhardt en Allemagne. Cette pointe peut être plantée en terre pour tenir droit l'instrument durant les haltes. Sur celui de notre *cornicen*, les bagues sont plus simples, mais supportent une large palme décorée comme on peut en voir sur la colonne Trajane.

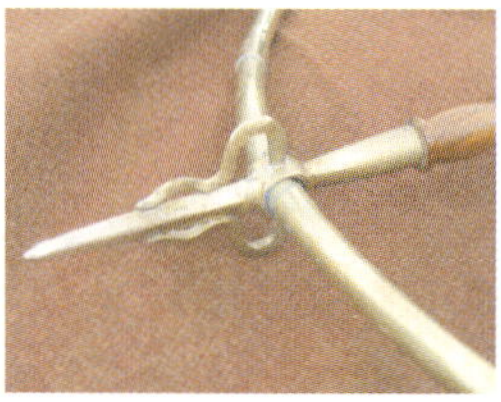

Aucune stèle funéraire de musiciens ne montre la dépouille d'animal qui coiffe leur casque. On la retrouve en revanche – sans pour autant que cela soit systématique – sur des monuments de propagande ou des sarcophages : c'est le cas sur la colonne Trajane, mais pas toujours sur la colonne Aurélienne. Comme pour les porte-enseignes, on peut se demander si cette pelisse n'est pas réservée à certains corps ou à certains événements. Il s'agit ici de la peau d'ours que Végèce attribue aux *signiferi*. Elle se fixe par les deux pattes antérieures croisées et liées sur la poitrine. La tête recouvre un casque de type Weisenau en fer, avec des appliques de laiton. Par rapport aux premiers modèles de la série, le couvre-nuque s'est allongé et redressé : il forme presque un angle droit avec le bas du timbre. Des renforts en laiton ont été ajoutés au niveau des oreilles. Les bords des garde-joues sont repliés vers l'avant pour empêcher une lame ou un projectile de glisser et de blesser le soldat.

Sous la cuirasse, notre homme a enfilé une tunique écrue, qui est sans doute la couleur la plus souvent portée par les soldats. En dessous, on distingue une seconde tunique, plus serrée, qui fait office de sous-vêtement. Aux pieds, le *cornicen* chausse des *calcei* par-dessus des chaussettes.

Si la colonne Trajane ne montre que des musiciens revêtus de la cotte de mailles, notre homme a préféré endosser une *lorica segmentata* (l'appellation est moderne), du modèle « Corbridge A ». Cette cuirasse a pu être reconstituée grâce à la découverte exceptionnelle, en 1964, d'un dépôt dans la ville de Corbridge en Angleterre. Cette trouvaille a pendant longtemps convaincu que l'apparition de cette armure devait être datée de l'époque de l'invasion de l'île de Bretagne, sous le règne de Claude. Or, des éléments ont depuis été exhumés sur les lieux de la bataille de Varus, à Kalkriese, datée de 9 apr. J.-C. Comme beaucoup de pièces d'équipement militaire du Haut-Empire, la *lorica segmentata* a donc vraisemblablement été élaborée au moment des réformes augustéennes. Il n'est pas exclu qu'une future découverte fasse reculer encore la date de création de cette cuirasse.

Le montage de la *lorica segmentata* est ingénieux et offre au soldat une grande liberté de mouvement ; moins grande toutefois que celle que procure une cotte de mailles. Mais, à l'inverse, la *segmentata* protège davantage. En effet, si la cotte de mailles

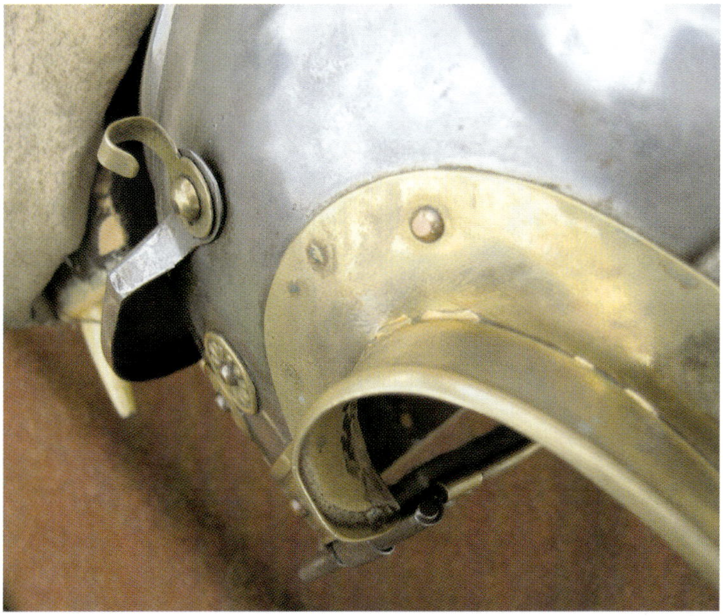

s'avère efficace contre un coup de taille, empêchant les chairs d'être atteintes et tranchées, elle ne garantit pas en revanche des traumatismes dus à la violence du choc, ce que fait au contraire très bien l'armure à lames. En ce qui concerne un coup d'estoc, s'il est donné avec force, il peut percer les mailles et être fatal au soldat (d'où l'intérêt des anneaux rivetés qui s'ouvrent moins facilement). Sur la *segmentata*, il n'aura aucun effet, si ce n'est peut-être de glisser sur le métal pour aller blesser ailleurs une partie non protégée du corps. Cette plus grande résistance des plaques incite des cavaliers du Ier siècle à ajouter par-dessus leur cotte de mailles des épaulières de *segmentata*, formant ainsi une cuirasse hybride.

L'invention de la *segmentata* subordonne l'évolution de la ceinture militaire. Celle-ci, en effet, ne peut plus tenir correctement en place, car, sous le poids du glaive, elle glisse sur les cylindres en fer de la nouvelle cuirasse. C'est pourquoi, dès cette époque, le mode de suspension du glaive change au profit d'un baudrier passant sur l'épaule gauche. Sur l'avant du fourreau, seul l'anneau supérieur est tenu par la sangle de cuir, tandis qu'à l'arrière, ce sont les deux anneaux qui sont utilisés. Le soldat n'a donc plus généralement qu'une seule ceinture, celle qui porte le poignard et le tablier clouté (et accessoirement une bourse, comme ici). Les cabochons du tablier sont ici exceptionnellement carrés. La ceinture est normalement bouclée par-dessus le baudrier du glaive, pour le maintenir fermement sur la hanche au moment de le dégainer. Le glaive est un modèle « Pompéi », dont le fourreau est reconstitué d'après une découverte de Hod-Hill en Angleterre.

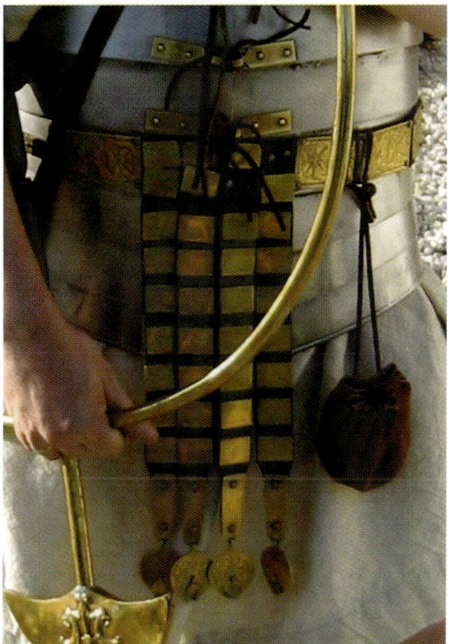

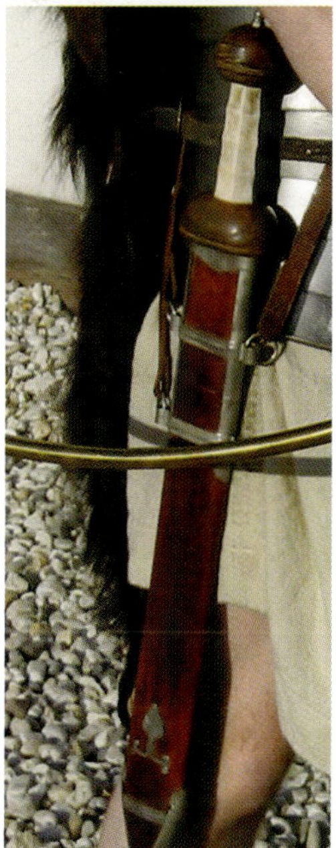

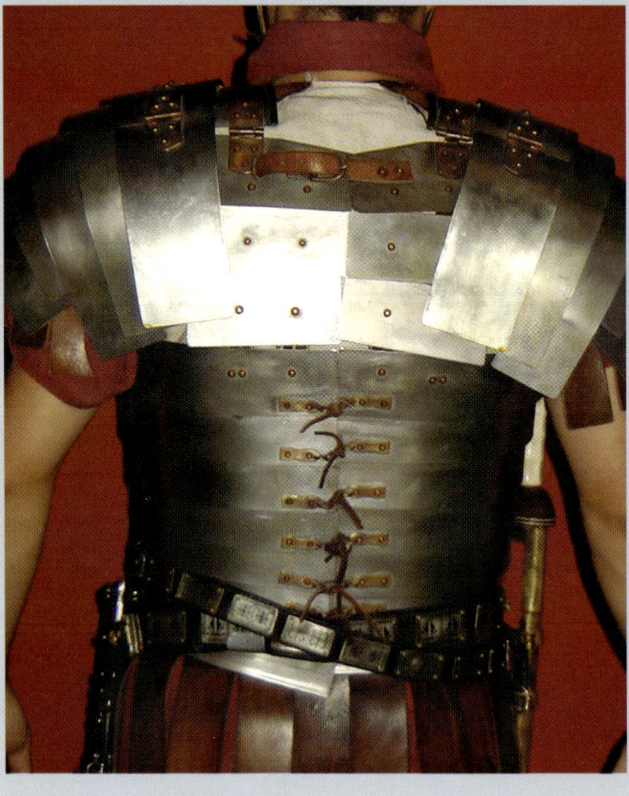

Nous ne savons pas exactement à quoi ressemblait le premier modèle connu de *lorica segmentata*, ou plutôt en quoi il se distinguait des modèles Corbridge postérieurs mieux connus. Nous ne connaissons du modèle « Kalkriese » que quelques boucles et charnières et une plaque d'épaule, mais qui permettent aujourd'hui d'identifier et de dater des fragments similaires répartis dans plusieurs musées d'Europe. Grâce à ces parcimonieux témoignages, la reconstitution ci-contre a été tentée, mais elle demeure en grande partie conjecturelle. Nous ne savons pas, par exemple, si l'armure se bouclait sur le devant et l'arrière par une série de crochets serrés par des lacets de cuir, comme sur les modèles de Corbridge, ou si un autre système était utilisé, comme des sangles fixées sur chaque bande. Sur la plaque trouvée à Kalkriese, du côté touchant l'encolure, une bordure de laiton a été ajoutée, sans doute pour préserver de la corrosion la tranche de la tôle de fer, et éviter qu'elle ne blesse le cou du soldat.

Plus courte que la cotte de mailles ou la cuirasse d'écailles, la *lorica segmentata* a peut-être exigé, lors de son adoption, le port d'un *subarmalis* de cuir pour protéger les cuisses laissées désormais à découvert. Si les reliefs ne montrent jamais cet accessoire sur les soldats équipés de cette cuirasse, l'idée n'est en rien farfelue, mais bien au contraire pragmatique.

Les deux versions suivantes (page de droite) sont reconstituées d'après les découvertes de Corbridge en Angleterre. Le modèle « A » se différencie du modèle « B » par des sangles au lieu de crochets pour attacher les lames de l'abdomen aux plaques du thorax. Ces sangles comportent désormais à leur extrémité de petites charnières de laiton, alors que sur le modèle Kalkriese elles étaient directement rivetées sur le métal. C'est du moins ce qu'indique la plaque de poitrine exhumée sur les lieux du désastre de Varus, car des charnières finement travaillées ont aussi été découvertes, sans que l'on puisse pourtant les associer avec certitude à une *lorica segmentata*. Mais la chose est probable, ce qui serait un nouvel indice de la variété des modèles au sein d'une même époque, et ce, dès la création de cette cuirasse. Les bandes de laiton de l'encolure disparais-

sent sur les Corbridge, et quelques rivets de la cuirasse se parent de cabochons estampés. Le dessin des charnières d'épaules change également. Encore simples sur la Kalkriese, elles adoptent à présent une découpe élégante en forme d'accolade. On peut se demander pourquoi une articulation a été aménagée sur les épaules, qui ne se justifie en

apparence par aucun mouvement du corps. La raison est peut-être simplement d'offrir au soldat la possibilité d'accéder commodément aux manches de sa tunique pour les arranger.
L'expérimentation montre que cet aménagement peut en l'occurrence s'avérer très pratique.
La *segmentata* connaît de nouvelles transformations au cours des deux siècles suivants, donnant naissance à deux nouvelles versions : le modèle « Newsteadt » (ci-contre), et un hypothétique modèle « Alba Julia » qui combinerait lames et écailles, ou mailles. En réalité, il devait exister bien d'autres versions, dont la taille des plaques, le mode d'assemblage ou la décoration variaient : autant d'éléments sans doute personnalisables selon le gabarit, les besoins ou les goûts du soldat. L'archéologie nous livrera sans doute de nouvelles informations dans le futur pour compléter cet inventaire. Les bas-reliefs nous laissent en tout cas entrevoir bien d'autres formes... réelles ou imaginaires. Il est clair cependant que ces versions successives pouvaient durer et coexister, comme nous l'enseigne sans équivoque la découverte récente d'un dépôt d'armes à Carlisle en Angleterre, présentant dans un même contexte archéologique (daté du règne d'Hadrien) des éléments de Corbridge et de Newstead. Sur ces dernières, des bandes de laiton semblent faire leur réapparition sur les tranches de certaines plaques de fer, à moins qu'elles n'aient jamais vraiment disparu ?
Moins lourdes qu'une cotte de mailles, ces cuirasses pèsent entre 6 et 10 kg suivant l'épaisseur des lames. Celles-ci sont arrimées les unes aux autres par des sangles rivetées à l'intérieur. Mais ces attaches sont fragiles. Les mouvements et la transpiration ont tôt fait de les détériorer, et le soldat devait régulièrement rapporter sa cuirasse chez l'armurier du camp pour la faire réparer ou remplacer une pièce perdue. Ceci explique le très grand nombre de crochets, cabochons de rivets ou charnières trouvés épars dans les fouilles. Ceci explique aussi l'abandon des sangles au profit de crochets métalliques plus solides, pour fixer entre elles les plaques de thorax et d'abdomen sur le modèle Corbridge B, puis les simplifications adoptées sur le modèle Newstead (page de droite : modèle Corbridge B).

Tribun angusticlavus ou préfet tenue de parade Guerre civile - 69 apr. J.-C.

La naissance donne le rang

Tout homme bien né qui veut gravir les marches du *cursus honorum* doit d'abord songer à être soldat. Les sénateurs, avant de commander une légion romaine, sont donc tenus de commencer leur carrière comme tribun, pour seconder le chef de corps dans les tâches administratives, matérielles et tactiques. Depuis Auguste, les chevaliers doivent également faire leurs premières armes dans un tribunat de légion, avant de pouvoir diriger une aile ou une cohorte auxiliaire comme préfet. Après le règne de Claude, l'apprentissage du commandement est réformé, et les oblige à passer par la cohorte d'infanterie, puis le tribunat légionnaire, et enfin l'aile de cavalerie : ce dernier poste exigeant en effet le plus d'expérience. Ces 3 étapes de la carrière militaire des officiers *(tres militia)* sont souvent effectuées de manière incomplète. Sous l'Empire, on compte 6 tribuns par légion, dont 5 sont d'origine équestre (sauf en Égypte). Chacun d'eux est responsable de 2 cohortes. Les plus méritants et les « mieux vus » de ces officiers pourront prolonger leur carrière militaire s'ils le souhaitent, dans des postes à hautes responsabilités, comme celui de préfet du camp, ou de préfet des ouvriers. Les plus chanceux pourront même un jour commander la garnison de Rome.

L'année des 4 empereurs

S'il est des époques durant lesquelles l'origine sociale des officiers romains et le clientélisme ont une importance accrue, c'est bien celles des guerres civiles. Le lieu d'affectation est aussi un facteur déterminant, car la tendance est plutôt de prendre parti pour quelqu'un dans l'entourage de qui l'on est, par devoir ou nécessité. Plus que toutes autres guerres civiles du passé, celle qui est déclenchée à la mort de Néron met chaque officier devant un choix difficile, car cette année-là, ce ne sont pas moins de 4 prétendants qui se disputent le trône. Dans tous les cas, le soutien de l'armée est indispensable : Galba s'appuie sur les légions d'Espagne et de Gaule, Othon sur les prétoriens, Vitellius sur les troupes de Germanie, et Vespasien sur celles d'Orient. Chaque officier joue sa vie et sa carrière. En définitive, Vespasien triomphe des forces vitelliennes à Bédriac, près de Crémone, sur les lieux mêmes où celui-ci avait vaincu Othon. Ce dernier s'était donné honorablement la mort pour éviter que davantage de sang ne soit répandu, mais Vitellius n'a pas cette « chance ». Il est traîné dans les rues de Rome, humilié, écharpé, et jeté aux gémonies. Les soldats qui ont pris son parti sont licenciés, soumis à un régime disciplinaire, ou répartis dans des garnisons fidèles à la nouvelle dynastie flavienne.

L'équipement

Les textes mentionnent à plusieurs reprises l' « uniforme » attribué aux officiers selon leur rang. Il nous est cependant difficile de préciser en quoi il consiste, mais il s'agit sans doute d'insignes ostensiblement portés. Nous savons par exemple que les officiers (et les magistrats) issus de l'ordre équestre se signalent par les deux bandes

pourpres étroites qui barrent verticalement leur tunique blanche, de part et d'autre de l'encolure, comme c'est le cas sur notre reconstitution. Les officiers de rang sénatorial affichent quant à eux des bandes pourpres larges. De même, les toges des uns et des autres ne sont pas identiques : celle des sénateurs est bordée de pourpre *(toga prætexta)*, contrairement à celle des chevaliers, toute blanche. Il doit y avoir d'autres codes vestimentaires pour distinguer les grades, peut-être par le port de marques de couleurs ou d'un accessoire précis. La crête, dans sa forme ou sa couleur, est certainement l'un de ces insignes, mais en l'absence de témoignage clair, notre reconstitution est sur ce point hypothétique.

Notre tribun ou préfet a endossé une cuirasse musclée, qui semble être une tradition réservée aux officiers supérieurs pour leur tenue de parade. Si durant la République, des soldats et des officiers ont réellement fait la guerre avec ce type d'armure, ce n'est plus guère le cas sous le Haut-Empire. Les reliefs réalistes qui montrent des officiers ou l'empereur au combat, nous les présentent généralement équipés de la cuirasse à écailles *(lorica squamata)*, nettement plus souple et plus commode à cheval. L'armure est dite « musclée » car elle est formée de deux tôles embouties pour simuler les muscles du thorax et de l'abdomen, ainsi que du dos. Souvent décorés de motifs en relief, d'inspiration mythologique ou végétale, ou encore empruntés au registre de la propagande impériale, certainement dorés ou argentés pour trancher sur le fond, dossière et plastron se bouclent sous les bras par des charnières et goupilles, ou des anneaux enlacés. Ce genre de cuirasse descend souvent sur l'aine en un large arrondi, mais ne permet plus alors de s'asseoir et encore moins de monter à cheval. C'est pourquoi il en existe, comme ici, une version raccourcie qui s'arrête au niveau de la taille. Des épaulières décorées se rabattent sur la poitrine et se fixent par des lacets.

Sur l'abdomen, l'officier noue une ceinture de toile *(cinctorium ?)*, dont les extrémités, parfois pourvues de franges, sont ramenées et coincées de part et d'autre du nœud. Il est possible que la couleur de cette ceinture soit un autre de ces insignes distinctifs.

Fermé par une fibule dorée, le tribun a jeté sur ses épaules un manteau de forme rectangulaire *(paludamentum* ou *clamys)*, marque de son rang. Sa couleur indique peut-être une nouvelle fois le grade, mais nous ne pouvons le certifier. L'empereur avait le monopole du pourpre ; les généraux se contentant un temps de l'écarlate. Nous avons les mentions de manteaux blancs, exceptionnellement bleus, et même moitié rouges et moitié blancs.

Sous la cuirasse, l'officier porte un *subarmalis*, que l'on peut facilement imaginer en gros cuir lorsqu'il est en campagne. En revanche, les nombreuses statues d'empereurs ou de généraux présentés en tenue de parade, avec la cuirasse musclée, montrent des ptéruges plus fins, plus nombreux, et surtout plus souples, en toile à n'en pas douter, piqués sur les bordures. Il est commun d'observer deux rangées de ptéruges, comme ici, mais il est également fréquent qu'il y en ait une troisième série, de forme arrondie, fixée directement sous la bordure inférieure de la cuirasse, peut-être en gros cuir ou même en métal, montée parfois sur charnières. La célèbre statue d'Auguste de la Prima Porta, exposée aujourd'hui au musée du Vatican, a retrouvé récemment les couleurs dont elle était peinte à l'origine, et qui se sont effacées au fil du temps. Il apparaît que les ptéruges qui couvraient les cuisses et les épaules de l'empereur étaient alternativement de couleur bleu roi (de même que les franges) et rouge. Est-ce le reflet de la réalité, ou une simple liberté prise par l'artiste ? Il est à noter qu'Auguste arbore une tunique rouge, qui serait donc son vêtement de guerre, car il se présente alors en conquérant, comme l'expriment très clairement les reliefs de sa cuirasse.

Le casque est une version de type Weiler (voir p. 34-37) porté communément dans la cavalerie au cours du Ier siècle de notre ère, avec sa chevelure caractéristique travaillée au repoussé. Un buste du général Germanicus provenant d'Italie, daté du premier quart du Ier siècle, prouve que ce modèle pouvait aussi être adopté par des officiers de haut rang. Les garde-joues sont restitués d'après une découverte de Gloucester en Angleterre, datée du milieu du Ier siècle, représentant Jupiter assis sur son trône. Comme l'artefact original, ils ne couvrent pas les oreilles, ce qui suggère une appartenance à un casque d'infanterie (?).

En tenue de parade, les officiers supérieurs portent une épée courte *(parazonium)*, dont la poignée représente le plus souvent une tête d'aigle, sculptée peut-être en ivoire. De telles armes de prestige pouvaient encore être rehaussées de pierres précieuses, tout comme le baudrier. Celui-ci cependant reste invisible sur la plupart des reliefs et statues, et l'on a pu se demander si l'épée n'était pas simplement glissée sous la ceinture de toile. Mais son poids ne lui permettrait en aucun cas de tenir en place, et on peut donc penser qu'elle pouvait être simplement tenue à la main, ou peut-être accrochée à une boucle de la cuirasse, sous le bras gauche. La chape du fourreau est ici reconstituée d'après une belle découverte de Vrhnika en Slovénie, estampée de symboles de félicité. Aux pieds, notre officier porte des *calcei* montants, d'une fabrication soignée, et garnis de fourrure pour les rendre confortables.

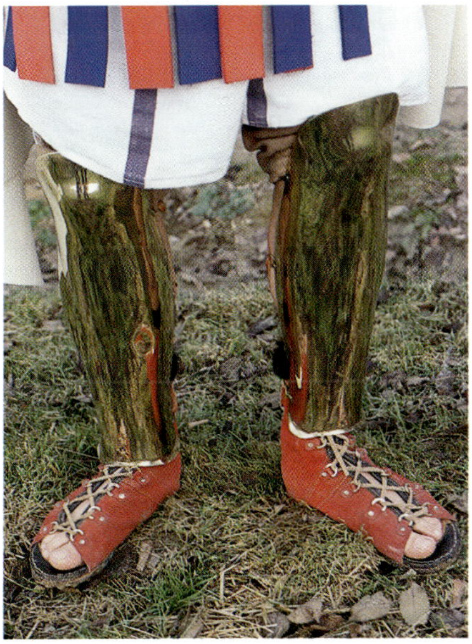

Légionnaire
Legio II Adjutrix
Bataille de Tapæ
88 apr. J.-C.

Les ambitions irraisonnées de Domitien

Après les troubles des années 69-70 qui ont porté successivement cinq empereurs sur le trône, Vespasien – dernier prétendant en lice et ultime vainqueur – reprend le gouvernement de l'Empire et y remet bon ordre : tâche écrasante qui nécessite notamment de faire de considérables économies pour sauver un trésor vidé par la guerre civile et les largesses de ses prédécesseurs. Motivée également par d'évidentes raisons de sécurité, l'une de ses premières mesures est donc de réduire les effectifs militaires. Les cohortes prétoriennes, qui se sont multipliées en raison de la démagogie de Vitellius, sont ainsi purgées. Pour leur part, les légions rebelles sont pour certaines maintenues dans un régime disciplinaire, pour d'autres purement et simplement licenciées, parfois avec ignominie, et les survivants répartis dans d'autres unités fidèles à la nouvelle dynastie. À l'inverse, des troupes qui ont pris le parti de Vespasien sont récompensées, et certaines promues au rang de véritables légions. C'est le cas de la légion II *Adjutrix*. Domitien, le second fils de Vespasien, accède au trône en 81. Sans en avoir le talent ni l'expérience, il ambitionne de se forger une gloire militaire analogue à celle de son père et son frère défunts. Sous son commandement, les armées romaines vont connaître de sérieux revers.

La deuxième bataille de Tapæ

En 85, les Daces du roi Durbaneus envahissent la province de Mésie. À Tapæ, au sud de la Transylvanie, dans une embuscade tendue dans un défilé montagneux, ils massacrent une légion. Domitien dépêche à leur rencontre son préfet du prétoire, Cornelius Fuscus, qui connaît au début quelques succès permettant à l'empereur de célébrer un triomphe à Rome. Mais ces renforts sont à leur tour défaits en 86 par le nouveau roi dace Décébale. La XXIe légion *Rapax* est anéantie et Fuscus tué. Honte suprême, Rome est obligée de payer tribut à des barbares. Domitien décide alors d'employer les grands moyens et envoie une armée forte de plusieurs légions et leurs auxiliaires. Pour cette occasion, en 87, la IIe légion *Adjutrix* est transférée depuis l'Angleterre jusque sur le Danube, où elle est probablement stationnée à Acumincum, à 40 km au nord de Belgrade. L'année suivante, sur la route qui les conduit jusqu'à leur capitale Sarmizegetusa, les Romains battent les Daces à Tapæ. Repliés dans la ville, les Daces parviennent toutefois à repousser les soldats romains. Décébale est à son tour contraint de payer tribut et d'autoriser les Romains à sillonner son royaume. Mais Domitien ne peut parachever sa domination, car il doit maintenant faire face à un double soulèvement : de son propre légat Saturninus en Germanie, et des Iazyges, Marcomans et Quades sur la frontière pannonienne. Saturninus battu, Domitien se lancera dans une campagne désastreuse contre ces derniers en 89.

L'équipement

Cet homme appartient à une légion créée par l'empereur Vespasien avec des marins de la flotte de Ravenne, qui lui prêtèrent serment pendant la guerre civile

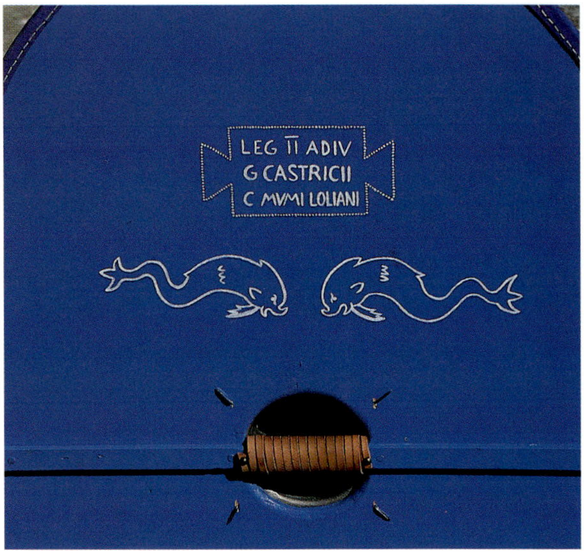

contre Vitellius. Ce renfort bienvenu valut à la nouvelle unité le surnom d'*Adjutrix* (« Secourable ») et les épithètes de *Pia Fidelis* (« Pieuse et Fidèle »). Bien qu'il y ait des précédents (notamment avec la légion I *Adjutrix*), la constitution d'une telle troupe en légion reste exceptionnelle, et il faut y voir le témoignage d'un honneur et d'une récompense. L'origine maritime des recrues a été suggérée dans la reconstitution de l'équipement de notre légionnaire (comme l'aurait très probablement fait son ancêtre), notamment par le biais des couleurs de la tunique et du panache. Nous savons par un texte de Végèce que les fantassins de marine portaient des vêtements bleu-vert, pour se fondre sur l'onde. Leurs petites embarcations d'abordage, les voiles et même les cordages étaient peints couleur de la mer, afin d'approcher au plus près de l'ennemi sans être vus et de le surprendre. Cette tactique du camouflage est assez inhabituelle dans l'armée romaine, qui préfère plutôt le combat au grand jour, bien en évidence dans des couleurs vives et l'éclat étincelant des armes et des armures, briquées pour cette raison avant chaque bataille. Nous avons donc opté pour une tunique de laine bleue, sans exclure pour autant que le soldat puisse endosser une tunique rouge pour le combat. De même, le panache destiné à augmenter la stature du guerrier, mais aussi à servir de signe de reconnaissance pour les hommes d'une même unité, a été restitué en plumes bleues, flottant dans le vent comme pour simuler le mouvement des vagues, qui ont encore été stylisées en blanc sur le cimier de bois.

Reconstituée grâce à la stèle funéraire de Castricus Victor, retrouvée à Aquincum en Hongrie, où fut casernée la légion II *Adjutrix* au début du IIe siècle de notre ère, l'apparence de notre soldat tranche une nouvelle fois par rapport à la représentation stéréotypée du légionnaire romain du Ier siècle, telle qu'elle est montrée dans tant de livres ou de films. La *lorica segmentata*, bien qu'offrant une protection plus efficace contre les blessures, ne fut assurément pas le modèle de cuirasse le plus répandu dans les armées romaines; la cotte de mailles fut sans doute de loin la plus utilisée. Vers le milieu du Ier siècle apr. J.-C., la cotte de mailles perd sa doublure d'épaules, jugée trop lourde sans doute, mais se complète désormais de deux manches courtes, offrant à l'ensemble l'aspect d'un T-shirt. Sous la cuirasse, l'homme porte un pourpoint matelassé en cuir ou gros drap, sur lequel sont cousues des bandes de cuir épais pour

protéger les cuisses et le haut des bras. Sur la stèle de C. Victor, il n'est pas évident de déterminer si ces bandes de cuir sont frangées ou non, mais leur pourtour paraît être piqué, signifiant que ces ptéruges sont formés d'une double épaisseur pour leur donner plus de résistance à la pénétration d'une flèche ou d'un javelot, par exemple.

Son armement défensif se complète d'un bouclier plat, de forme ovale *(parma)*. Symbolisant les foudres de Jupiter, le motif reproduit ici est nettement visible sur la stèle de C. Victor, et il est un des rares épisèmes que l'on puisse attribuer clairement à une légion. Peut-être dès le milieu ou la fin du Ier siècle, les renforts en laiton (orles) fixés sur les bordures des boucliers sont remplacées par des bandes de cuir brut (peintes ici en bleu), plus faciles à poser et plus solides même. L'*umbo* du bouclier en bronze argenté représente un visage humain. À l'arrière du bouclier, chaque soldat inscrit son nom et celui de son unité. L'inscription est ici agrémentée de deux dauphins qui rappellent l'origine marine de la légion.

Il est rare qu'un relief funéraire nous montre un soldat casqué. C'est pourtant le cas de C. Victor, mais le modèle du casque ne peut être identifié. Une crête centrale et deux grandes plumes latérales sont cependant nettement visibles. Dans le dernier tiers du Ier siècle, apparaît un modèle de casque inspiré du type Weisenau, mais entièrement en laiton. La particularité la plus flagrante est un support de crête fixe en forme de petite tour, dont l'extrémité est fendue et percée pour la fixation du cimier tenu par une goupille. Plusieurs exemplaires ont été retrouvés, dont un à Aquincum, base de la légion au IIe siècle, et un autre à Mayence (dont le support de crête est perdu) poinçonné des noms de son propriétaire et de son unité : la légion I *Adjutrix*. C'est une copie de ce dernier casque qui coiffe notre homme. Il est muni d'une poignée rivetée sur le couvre-nuque pour pouvoir le suspendre durant les marches. On est en droit de penser que ce modèle de casque, dit « modèle Aquincum », fut créé spécialement pour les deux légions *Adjutrix*.

Notre légionnaire est armé du glaive, type « Pompéi », dont la chape et le médaillon central ont été reconstitués d'après des artefacts du camp de Vindonissa. L'arme est suspendue à un baudrier décoré de disques métalliques, comme on peut en voir sur les peintures du Fayoum et sur le cadavre d'un soldat exhumé à Herculanum. Le poignard est fixé à un ceinturon garni de plaques argentées décorées, reproduites également d'après des trouvailles de Vindonissa. Les cuirs sont soigneusement cousus. Fidèle à la stèle, la ceinture présente un tablier composé de six lanières à sept clous chacune, et terminée par un pendentif d'une forme classique à la fin du Ier siècle de notre ère, et dont de beaux exemplaires ont été retrouvés à Tekije ou encore à Vindonissa. Sur la stèle, le soldat tient en outre deux *pila*.

LEG VI
LEG VI

Légionnaire en tenue de marche *Legio VI Victrix* Seconde campagne de Dacie 105 apr. J.-C.

Venger l'humiliation de Domitien

Lorsque Trajan est nommé empereur à la mort de Nerva, il occupe alors un commandement en Germanie. Il accepte le trône qui lui est confié, mais reste encore deux ans outre-Rhin pour achever sa mission, puis sur le Danube, laissant au Sénat et aux consuls le soin de diriger les affaires publiques. Il retourne à Rome en 99 et règne en parfait accord avec le Sénat, donnant l'exemple des anciennes valeurs républicaines. L'Empire connaît alors un second âge d'or. Trajan s'attache ensuite à satisfaire son ambition de gloire militaire. Au printemps de l'an 101, il s'embarque pour la Dacie qui avait par le passé donné du fil à retordre à Domitien, et l'envahit avec trois armées. Il vainc le roi Décébale aux Portes de fer (Tapæ), mais la guerre continue et conduit les Romains jusque sous les murs de la capitale Sarmizegetusa. Décébale dépose alors les armes, se soumet et détruit ses forteresses. Le triomphe que Trajan célèbre à Rome en 102 ne couronne qu'un succès temporaire. En 105, la guerre reprend en Dacie.

Une armée en marche

Les textes sont malheureusement très lacunaires pour connaître l'histoire des campagnes daciques. Il nous reste cependant cet extraordinaire récit imagé que constituent les frises sculptées de la célèbre colonne édifiée sur le forum de Trajan au lendemain de son triomphe. Mieux que la simple narration des événements, elles nous donnent à suivre un véritable reportage photographique sur l'armée romaine au début du IIe siècle. Les premières scènes nous montrent la colonne des soldats en marche, traversant le Danube sur un gigantesque pont de bateaux. En tête s'avancent les officiers, suivis de toutes les enseignes des légions et des cohortes prétoriennes. Puis défilent les soldats, normalement par 4 ou 6 de front, le paquetage sur l'épaule et tête nue. Ces clichés sont riches d'enseignement, sur les costumes autant que sur la façon dont une armée romaine progresse. La composition de la scène obéit cependant à des impératifs de lisibilité et donc de simplification. Quelques textes nous aident à compléter le tableau, notamment l'ordre de marche de Vespasien en Judée décrit par Flavius Josephe (*B.J.*, III, 8), qui mentionne le rôle important des éclaireurs et des pionniers pour ouvrir la route et éliminer les obstacles, ou encore celui adopté contre les Alains vers le milieu du IIe siècle, détaillé par Arrien (*Ectaxis Contra Alanos*).

L'équipement

Si nous ne connaissons pas l'identité des légions et *vexillationes* qui participèrent aux campagnes daciques, ce soldat de la VIe légion *Victrix* nous présente opportunément l'aspect du légionnaire en tenue de marche au début du IIe siècle apr. J.-C., tel que le dépeignent les premières scènes de la colonne Trajane. Son équipement montre plusieurs changements notables. La série des cuirasses segmentées (types Kalkriese puis Corbridge, voir p. 56-57) est désormais complétée par un nouveau

modèle au début du IIe siècle, comme le prouvent des découvertes récentes, et non pas à l'époque antonine comme on le croyait jusque-là. Il s'agit du type « Newstead », du nom du fort sur le mur d'Hadrien qui a révélé les premiers artefacts. Pour autant, il ne faut pas en conclure que cette adoption a été systématique et rapide. Le modèle Newstead compte désormais un moins grand nombre de plaques : 32 éléments contre 38 ou 40 pour les types Corbridge. Les segments horizontaux (dont le nombre dépend peut-être aussi de la taille de l'individu) qui forment le cylindre abdominal se sont élargis, notamment au bas de la cuirasse, où une seule bande de métal couvre à présent un espace garni autrefois par deux bandes plus étroites. À l'avant et à l'arrière, chaque rangée du cylindre se ferme avec un système à goupille, et non plus avec des sangles ou des crochets, qui avaient une fâcheuse tendance à casser. On imagine aisément le désagrément que pouvaient occasionner de telles ruptures lorsqu'elles survenaient en pleine bataille. Les plaques thoraciques sont également plus larges et, là encore, le mode d'accrochage a été amélioré pour les mêmes raisons. De même, les six plaques articulées protégeant le haut du dos, font place désormais à deux pièces plus couvrantes, fermées par des goupilles. Les grandes plaques d'épaules sont toujours articulées grâce à des charnières qui se sont elles aussi passablement élargies.

Sous la cuirasse, l'homme revêt un *subarmalis* de cuir, soigneusement cousu, et pour éviter des frottements au niveau du cou, il porte une écharpe. À l'instar des barbares, il préserve ses jambes avec des pantalons courts *(feminalia)* qui descendent sous le genou. Sur la colonne Trajane, les tabliers des ceinturons militaires paraissent très courts, contrairement à ceux du début du Principat ; on ne compte que peu de clous. Il est aussi possible que les lanières soient enroulées autour de la ceinture, pour en minimiser le ballottement et le tintement.

Le glaive est suspendu à droite à un baudrier simple. Les éléments métalliques du fourreau, copiés d'après une découverte de Pompéi, sont ajourés et étamés. La poignée est sculptée, d'après un artefact de Vindonissa.

À la fin du Ier siècle, le timbre du casque se voit renforcé par deux joncs de métal, disposés en croix. Il s'agit ici d'un modèle Weisenau classique. Un artefact similaire muni de cet ajout cruciforme a été découvert à Berzobis en Roumanie. Ce renfort couvre les « sourcils » et le système de fixation de la crête, qui ne peut plus dès lors être arborée. Les modèles de casques postérieurs tiendront compte de ce renfort et s'en serviront même à la longue comme élément décoratif. Cette addition résulte sans doute d'une adaptation nécessaire pour contrer l'effet meurtrier de certaines armes ennemies, encore peu éprouvées jusque-là par les Romains. En effet, les Daces de Roumanie et certains de leurs voisins germains, manient à deux mains de longues faux qui leur permettent de toucher leurs adversaires sous des angles inhabituels. Ces armes, qui ne peuvent s'utiliser que de taille, ont une « puissance de frappe » dévastatrice, capable sans doute d'entamer un casque. Notre soldat porte le sien sur le ventre, suspendu par ses lacets. C'est ainsi que la colonne Trajane nous montre les légionnaires en marche.

Le bouclier est enveloppé dans une housse de cuir *(tegimentum)* pour le préserver de la pluie qui imprégnerait le bois, le déformerait et l'alourdirait. Cette housse est formée d'au moins deux peaux de chèvre. Formée pour épouser l'*umbo*, une pièce est rapportée au centre et maintenue par un disque de cuir cousu, dont le périmètre extérieur peut être taillé en dents de scie, comme le révèle une découverte de Vindonissa. Les bords de la housse sont rabattues et cousues de manière à aménager des ourlets où coulissent des lacets de serrage. Sur l'avant, un petit écriteau de cuir ajouré indique le numéro et le nom de l'unité *(tabula ansata)*. On peut lire ici : « LEG.VI.VI.P.F », c'est-à-dire « *Legio VI, Victrix* (Victorieuse) *Pia* (Pieuse) *Fidelis* (Fidèle) ». Des lanières sont emprisonnées sous la couture inférieure. Leur vocation est peut-être simplement esthétique, mais elles peuvent peut-être aussi servir à attacher la housse une fois roulée, avant de la ranger dans le paquetage.

Le bouclier est suspendu sur le flanc gauche, grâce à des sangles de cuir épais passées sur l'épaule droite, et reliées sans doute directement à la poignée du *scutum*, peut-être par deux crochets, comme sur la reconstitution. Notez la peau de mouton glissée derrière la poignée en guise de capiton. Il est très important de bien régler la longueur de ces courroies, pour que le bouclier ne vienne pas percuter constamment les jambes du soldat pendant la marche, ce qui s'avérerait rapidement très pénible. Supporter le poids du paquetage *(sarcina)* durant de longues étapes relève en effet du tour de force. Sans doute existe-t-il une méthode « réglementaire » pour répartir au mieux les charges, éprouvée depuis des siècles par cette nation de marcheurs, mais chaque soldat doit sans doute trouver des aménagements personnels qui conviennent à son gabarit et à son endurance.

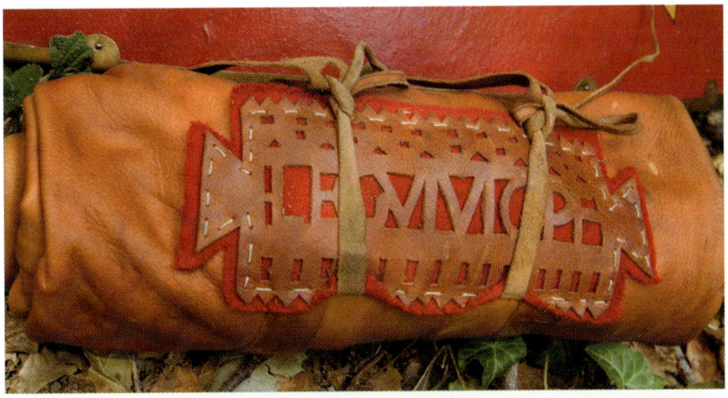

Le soldat du Haut-Empire porte sur lui environ 15 ou 20 kg d'armes. À cela, il doit encore ajouter le poids de ses bagages personnels, qui sont accrochés à une fourche *(furca)* en bois portée sur l'épaule gauche. Ils consistent en ustensiles de cuisine (car les soldats doivent préparer eux-mêmes la nourriture que leur fournit le service d'intendance), chaussures de rechange et vêtements variés pour supporter les humeurs du climat : cape *(sagum)* ou gabardine à capuchon *(pænula)*, braies longues ou courtes, tuniques (avec ou sans manches), caleçons et chaussettes. Ces dernières évitent les frottements des lanières des sandales sur le pied et donc la formation d'ampoules, toujours malvenues chez les grands marcheurs que sont les soldats romains. D'après les découvertes archéologiques, nombreuses en Égypte, les chaussettes antiques sont confectionnées généralement en points de Jersey. Certaines n'enveloppent pas tous les orteils, mais forment deux compartiments pour permettre le passage d'une lanière centrale sur des sandales légères, similaires à nos « tongs » modernes. Pour garnir les sandales, il est aussi possible d'enfiler au préalable des sortes de chaussons de peau, fermés parfois par une patte d'attache, comme le montre une découverte civile des Martres-de-Veyre, dans le Puy-de-Dôme. Une autre solution pour se prémunir des cailloux et autres branchages qui peuvent s'insinuer dans les *caligæ* et blesser les pieds, est de se chausser de *calcei* fermés. Les camps du *limes* breton et germanique en ont livré de nombreux exemples.

Lorsqu'il progresse en zone pacifiée, le soldat suspend son casque sur la poitrine, grâce à des lacets de cuir. Un chapeau de paille est le bienvenu pour se protéger de la pluie ou des brûlures du soleil, mais il peut aussi se coiffer d'un bonnet, qu'il garde souvent pour s'habituer à avoir la tête toujours couverte.

Ses menus effets personnels sont rangés dans un cartable en cuir *(pera)*, accroché à la barre horizontale de la fourche par des anneaux de bronze (ou directement en sautoir grâce à une

bandoulière) : trousse de toilette (contenant peigne, rasoir, éponge, huile de massage et strigile pour racler la sueur et la crasse aux thermes, onguents divers, pharmacie, miroir, ustensiles de manucure, etc.), lampe à huile, tablette de cire et stylet pour ceux qui savent écrire, couteaux de cuisine, faucille pour moissonner, jeux de dés, d'osselets ou de latroncules...

À la fourche sont encore suspendus une petite marmite *(situla)*, une petite casserole faisant office de quart *(patera)*, parfois un plus grand récipient. Tous ces contenants sont en bronze, et l'intérieur est étamé pour les rendre propres à une utilisation alimentaire. Un filet contient la ration journalière de céréales, de lard et de fromage, qui sont les aliments communs du soldat en campagne. Au camp, la nourriture est heureusement plus variée. Les réserves de grains et les autres provisions sont chargées à dos de mulets ou transportées dans des chariots.

L'homme porte encore une gourde, généralement en peau, contenant la piquette du légionnaire, la fameuse *posca* : boisson très rafraîchissante composée de vinaigre coupé d'eau. Le vin pur est interdit en temps normal car il brouille les sens.

Au total, avec armes et bagages, chaque soldat doit supporter une charge pouvant atteindre 40 ou 50 kg. Car, en des circonstances exceptionnelles, il peut encore être contraint de transporter une partie des outils nécessaires à l'édification et au retranchement du camp, si bien qu'il est aussi chargé qu'une « mule ». C'est du moins le surnom qu'on lui donne depuis le consulat de Marius, à la fin du IIe siècle av. J.-C., qui leur imposa pour la première fois un tel fardeau pour alléger le train des bagages.

Durant la campagne contre les Juifs par Vespasien et Titus, l'historien Flavius Josèphe en fit une description aujourd'hui célèbre : *« ... les autres soldats [...] portent une corbeille, une scie, une pioche et une hache, une corde, une faucille, une chaîne et des vivres pour trois jours, en sorte qu'ils ne sont guère moins chargés que les chevaux. »* (*B.J.*, III, 6).

Archer auxiliaire
Cohors I Chalcidenorum
Conquête de l'Arabie
114 apr. J.-C.

Une conquête facile met le feu à l'Empire

Neuf années de paix permettent à Trajan de préparer une grande offensive contre l'Orient, qu'il imagine aussi éclatante que sa conquête de la Dacie en Occident. La guerre civile qui règne alors dans le royaume parthe est une invitation à une intervention sans risque. Au printemps 114, Trajan part d'Antioche à la tête d'une armée forte et aguerrie, comprenant de nombreux contingents auxiliaires, dont des archers orientaux pour rivaliser avec ceux de l'ennemi. Il conquiert rapidement de nouveaux territoires déclarés provinces romaines : l'Arménie et la Mésopotamie l'année suivante. En 116, il réduit également l'Adiabène et l'Assyrie, puis occupe Babylone et Ctésiphon et pousse jusqu'au golfe Persique. Mais en 117, ses nouvelles provinces se soulèvent. La répression est sanglante et met le feu à une grande partie de l'Orient. Profitant de ce désordre, les Maures attaquent l'Afrique, et les Sarmates menacent les frontières danubiennes. C'est à ce moment crucial que Trajan tombe malade et expire à Sélinonte. Sentant la mort venir, pour ne pas laisser l'Empire sans pilote dans une telle tourmente, il adopte l'un de ses officiers les plus intelligents et les plus actifs pour lui succéder : P. Ælius Hadrianus. Une fois reconnu empereur, Hadrien s'empresse d'abandonner les nouvelles conquêtes, excepté l'Arabie Pétrée, et de ramener la frontière à l'Euphrate.

Des bras étrangers au service de Rome

De tout temps, les Romains ont fait appel à des peuples alliés pour accroître leurs effectifs militaires : peuples d'abord latins et italiens, puis étrangers à la péninsule. Si les réformes d'Auguste définissent pour la première fois le statut des soldats auxiliaires et leurs conditions de service au sein des cohortes et des ailes, le concours de peuples alliés est toujours sollicité. Si les légions se réservent le rôle d'infanterie lourde, rouleau compresseur des champs de bataille, elles délèguent volontiers d'autres spécialités aux auxiliaires, comme la cavalerie. Le maniement de certaines armes est aussi abandonné aux soldats auxiliaires, qui se révèlent plus habiles. C'est le cas notamment de la fronde ou de l'arc. Les meilleurs frondeurs viennent des îles Baléares ; les archers les plus réputés sont, eux, natifs de Crète ou des provinces orientales de l'Empire. Les textes et l'épigraphie nous renseignent sur l'origine d'autres troupes d'archers : César a des Rutènes (Gaulois du Rouergue) durant la guerre civile, et des Syriens et Palestiniens pendant la campagne d'Afrique. Pour l'Empire, nous connaissons des archers de Thrace, de Commagène, de Cilicie, de Mésie, ou encore de Syrie. La colonne Trajane nous en montre à plusieurs reprises.

L'équipement

Notre homme appartient à la *Cohors I Chalcidenorum*, connue aussi sous l'appellation de *Sagittari Palmyreni*, indiquant clairement sa provenance. Plusieurs de leurs camps ont été repérés en Roumanie, contemporains des conquêtes daciques de Trajan. Notre reconstitution est hypothétique. Elle est essentiellement basée sur les

reliefs de la colonne Trajane qui décrivent justement le déroulement de ces campagnes. Plusieurs troupes d'archers sont visibles sur le monument, mais nous avons sciemment choisi de restituer l'un de ceux dont la longue tunique suggère une origine orientale. Si la plupart, sans doute, des cohortes auxiliaires régulières sont équipées à la « mode » romaine, d'autres en revanche conservent des particularités issues de leur tradition vestimentaire ou militaire, comme c'est le cas ici. Cette longue tunique est en lin blanc. Il est possible que les auxiliaires, à l'instar des légionnaires, aient porté également des vêtements rouges au combat. Cette tunique couvre les pieds, chaussés des traditionnelles *caligæ* cloutées. Sur d'autres reliefs d'archers, on observe aussi des tuniques courtes. C'est le cas sur la stèle du soldat Hyperanor retrouvée à Bingerbrück en Germanie (où rien dans l'équipement représenté ne le distingue d'un autre fantassin, légionnaire ou auxiliaire), ou encore sur la stèle d'un soldat de la cohorte *I Hamiorum Sagittariorum* trouvée à Housesteads sur le mur d'Hadrien (exposée aujourd'hui au musée de Newcastle upon Tyne), datée du IIe siècle.

Sur la colonne Trajane, si certains archers sont équipés de la cuirasse à écailles *(lorica squamata)*, notre homme porte en revanche une cotte de mailles. Sur le relief, l'homme semble dépourvu de ceinture. Il est difficile de comprendre ce choix, car dans ce cas tout le poids de la cuirasse repose sur les seules épaules. C'est pourtant un trait que l'on retrouve sur d'autres monuments de cette époque ou postérieurs, telles les métopes d'Adamklissi. N'oublions pas cependant que ce type de soldats est destiné logiquement à combattre de loin, et que ses contraintes ne sont pas celles de fantassins ordinaires dont la mission est de combattre au corps à corps, et pour qui il convient de soulager autant que faire se peut les désagréments d'un lourd équipement.

L'archer est armé d'un glaive – un type « Pompéi » –, comme le montrent les sculptures de la colonne Trajane : preuve que même des soldats sensés combattre à distance peuvent être parfois amenés à lutter au corps à corps. La chose paraît logique : un soldat reste un soldat, et l'on imagine mal le commandement réduire leur domaine d'action à la seule pratique de l'arc… Les circonstances obligent parfois quelques adaptations nécessaires ! Sur le monument, certains frondeurs sont eux aussi équipés d'un glaive et d'un bouclier ovale, tandis que d'autres ne le sont pas. Mais pour ces derniers, on peut imaginer que ces deux armes ont été déposées au sol pour faciliter le lancer à la fronde. Le bouclier peut en effet gêner un mouvement qui exige une très grande amplitude, et la poignée du glaive peut accrocher la fronde, faisant avorter le tir. On peut penser de la même manière que les archers furent aussi pourvus d'un bouclier, mais, comme pour les frondeurs, lui aussi devait être abandonné pour tirer à l'arc, ce qui n'était pas obligatoirement le cas de l'épée qui est systématiquement figurée. De toute façon, une chose est claire, l'utilisation du glaive chez les Romains ne se conçoit qu'en parallèle avec celle du bouclier. Le célèbre camée d'Auguste qui dépeint la gloire de l'empereur, montre dans son registre inférieur un archer dressant un trophée. Dans son dos est nettement visible un bouclier en forme de pelte, décoré du scorpion (qui renvoie à Tibère, né sous la constellation du scorpion – voir p. 42-45) ; mais il est aussi possible que le bouclier soit en fait suspendu au trophée et qu'il n'ait pas de rapport avec l'équipement de l'archer.

L'arme défensive la plus caractéristique des archers romains, autant que l'on puisse en juger, est le casque conique, dont nous observons plusieurs versions sur les bas-reliefs. Sur la colonne Trajane, celui des archers montés est semble-t-il formé d'une succession de curieux bourrelets verticaux. Celui des archers à pied aux longues robes est plus simple et lisse, avec un couvre-nuque concave. Nous avons reconstitué celui de notre soldat d'après une trouvaille somptueuse de Brjastovec en Bulgarie, conservée au musée de Sofia. Il a été ici simplifié, pour correspondre au rang modeste d'un soldat de base, mais l'original est décoré des figures en ronde bosse de Mercure, Apollon, Minerve, Mars et de la Victoire, placées sous des arcades à colonnes. Sur l'unique garde-joue conservé, nous reconnaissons Neptune. L'arrière de ce casque est percé de trous à intervalles réguliers, suggérant un protège-nuque rapporté, sans doute en mailles ou en écailles. Il est ici en mailles cousues sur du cuir, car le métal chauffé par le soleil devient très vite intolérable au contact de la peau. Ce casque est en bronze partiellement étamé, surmonté d'une pointe qui n'est pas destinée à recevoir une crête. Les garde-joues s'attachent par un lacet de cuir passant dans des anneaux fixés sur leur face interne. Ces casques d'origine orientale, d'une pièce ou formés de plusieurs segments rivetés (*Spangenhelm*), sont les ancêtres des casques coniques très largement utilisés au Bas-Empire et durant le haut Moyen Âge.

L'arc à double courbure est composé de plusieurs matériaux pour augmenter son élasticité et donc sa portée : bois, corne et tendons. Les extrémités entaillées pour y fixer la corde sont en bois de cerf. Les musées en recèlent de très nombreux spécimens. Une fois sec, l'arc est gainé de cuir. Il se transporte débandé, mais dans l'environnement de l'ennemi, il est plus prudent de le ranger déjà tendu dans une housse spéciale accrochée à la ceinture, comme ici. Bien qu'utile et donc crédible, l'utilisation d'un tel étui reste hypothétique. Le carquois en revanche est indispensable pour le rangement des flèches. Il est lui aussi en cuir et se fixe dans le dos par un baudrier ou à la ceinture. Plusieurs documents nous montrent une espèce de couvercle en forme de dôme, en cuir bouilli ou peut-être en métal. Ces flèches sont en bois, avec des empennages de plumes. Les encoches sont faites en bois, corne ou os. Autrefois en bronze, les pointes sont maintenant en fer, plus rarement en os. Elles adoptent des formes variées selon l'usage que l'on veut en faire, mais les plus usitées sont trifaces. Certaines possèdent une sorte de panier pour y insérer des matières incendiaires, qui seront lancées contre des structures en bois pour les détruire par le feu. L'archer utilise un anneau de pouce, en corne ou en métal, pour tendre sa corde avec ce seul doigt. Pour éviter enfin qu'au moment du décochement le frottement de la corde ne lui brûle l'avant-bras, il le couvre d'un brassard de cuir.

Légionnaire
Legio VI Ferrata
Révolte de la Judée
135 apr. J.-C.

Hadrien, inspecteur général des armées

Après la figure conquérante de Trajan, celle d'Hadrien détonne. Peu soucieux de gloire militaire, il choisit de consolider les acquis plutôt que de chercher à étendre démesurément l'Empire : politique qui coûtait fort cher au Trésor. Promu empereur en 117, Hadrien s'ingénie à fortifier les frontières pour mettre les provinces à l'abri des barbares. Il construit notamment le mur qui porte son nom, au nord de l'Angleterre, barrant le pays d'une mer à l'autre, garni de tours, de fortins et de grands camps militaires. Un tel dispositif défensif *(limes)* est mis en place ou renforcé partout dans l'Empire. Mais prudent ne veut pas dire pacifique. Si Hadrien ne cherche pas la guerre, il ne s'y dérobe pas, et fait face avec énergie aux révoltes qui éclatent sporadiquement. Il veille donc avec beaucoup de zèle au recrutement, à la formation et à la discipline de ses troupes, multipliant les tournées d'inspection, s'attachant à améliorer la qualité des équipements et à bannir des camps un luxe qui amollit les soldats. En l'an 130, il arrive à Jérusalem, ville pratiquement en ruine depuis sa destruction par Titus, soixante ans plus tôt.

La révolte de Bar Kocheba

Peuple toujours en ébullition (il s'est encore soulevé entre 115 et 117 pour des raisons fiscales), les Juifs ne peuvent tolérer la volonté de l'empereur de construire un sanctuaire dédié à Jupiter sur l'emplacement de leur ancien Temple. Des réseaux de résistance se constituent, fabriquant des armes, aménageant des caches et préparant une guérilla qui n'est déclenchée que lorsque l'empereur quitte Jérusalem en 132. Sous le commandement de Simon Bar Kocheba, un colosse fanatique prétendu messie, le soulèvement se propage. Les insurgés prennent le contrôle d'environ 50 places fortes et un millier de localités. Les troupes du gouverneur de Judée, Tinneius Rufus, renforcées par la VIe légion *Ferrata*, ne suffisent pourtant pas pour juguler la rébellion. L'empereur leur adjoint l'armée du gouverneur de Syrie, Publius Marcellus, mais lui aussi est tenu en échec. Hadrien se décide alors à confier la guerre à deux de ses meilleurs généraux à la tête d'une armée de 12 légions prélevées dans toutes les provinces de l'Empire, qui reprennent progressivement la situation en main. La dernière bataille a lieu en 135 devant la forteresse de Bethar, quartier général de Bar Kocheba. Tous les défenseurs et réfugiés sont massacrés jusqu'au dernier. Quelques poches de résistance sont encore réduites dans les cavernes aux abords de Qumran, où les Juifs sont enfumés et débusqués. Bar Kocheba exécuté, les survivants sont réduits en esclavage ou bannis de Jérusalem, rebaptisée Aelia Capitolina. La Judée devient la province de Syrie-Palestine.

L'équipement

Notre personnage est reconstitué d'après les métopes du mausolée d'Adamklissi. À l'instar de la colonne Trajane, ce monument célèbre les victoires de Trajan sur les Daces de Roumanie et leurs alliés. Tous deux nous donnent des aperçus très différents

A·C·NICIAS

du soldat romain au début du IIe siècle. Si l'un est stéréotypé, comme nous l'avons déjà souvent dit, le mausolée d'Adamklissi, bien que d'un trait plus naïf (sans aucun doute l'œuvre d'artistes indigènes), semble reproduire des équipements véritables tant ils sont originaux et précis. L'archéologie confirme de plus leur réalité. Ce qui surprend au premier abord est l'aspect lourdement armé du soldat : ses membres sont bardés de métal. Il apparaît logique en tout cas que des hommes se battant avec une tunique laissant bras et jambes à découvert, aient cherché à préserver des blessures ces parties du corps très exposées. Des protections en cuir ont sans doute été les plus courantes, mais les pièces en fer ou en bronze, plus lourdes, sont aussi plus efficaces. Notre homme porte une paire de jambières en fer qui se lacent derrière les mollets, et retenue encore sous le genou (ce détail sur les métopes n'est pas clair). Bien qu'elles soient mentionnées dans l'équipement des soldats à plusieurs reprises dans les textes de l'*Histoire Auguste* (pour les IIe et IIIe siècles), c'est la première fois que nous voyons clairement représentées des jambières, ailleurs que chez des centurions.

Sur les métopes, on observe aussi systématiquement un brassard *(manica lamminata)* sur les légionnaires au combat. Une reconstitution a pu être faite à partir de fragments retrouvés à Carnuntum en Autriche, et plus récemment à Carlisle en Angleterre, dans le dépôt d'une armurerie daté du temps d'Hadrien. Ici en fer, les lames peuvent être aussi en bronze. Elles sont rivetées sur des sangles de cuir, de manière à se chevaucher pour être parfaitement articulées. Cette *manica* est semi-cylindrique, et ne couvre donc que la moitié du bras. Au combat, il est important de la placer sur le dessus du membre, couvrant le creux du coude, car c'est alors la face la plus exposée. Mais notre soldat est au repos, et pour des raisons de commodité, il a tourné son brassard sur l'extérieur du bras pour faciliter son articulation. On peut imaginer qu'un manchon de tissu est porté sur la peau pour la préserver des frottements du brassard. Il semble que la majorité des légionnaires figurés sur les métopes d'Adamklissi portent la cotte de mailles à manches courtes, ou plus exceptionnellement la cuirasse à écailles. Au-dessous, un

subarmalis de cuir apparaît, mais dont les ptéruges ont des extrémités arrondies. Aux pieds, l'homme porte encore des *caligæ*, mais à cette époque il semble que les *calcei* soient d'un usage plus général.

Le bouclier est le *scutum* en forme de tuile. Sur certains reliefs, il est possible que les bords latéraux de ce bouclier soient légèrement convexes, comme ici. Reproduit d'après une autre métope du mausolée, le motif peint sur notre reconstitution ne peut être attribué malheureusement à aucune unité en particulier, mais le symbole des foudres de Jupiter est des plus courants sous le Haut-Empire. Le bouclier porte en outre le nom de son propriétaire, Aurelius C. Nicias, et celui de son unité : la VIe légion *Ferrata*, la « légion de fer ». Comme le montre le relief, l'*umbo* du *scutum* est rond.

Le casque est une copie fidèle d'un exemplaire retrouvé à Hébron, en Israël, et qui est contemporain de la révolte de Bar Kocheba. Il est en fer, muni du renfort cruciforme riveté sur le timbre qui surmonte désormais (tous ?) les casques romains. La décoration est originale : des croissants de lune, et une guirlande de laurier estampée sur la bande de laiton fixée sur le front du casque. Les protège-oreilles sont en fer, ce qui est rare sur les modèles précédents. De même, on peut signaler la disparition des rosaces de laiton ajoutées auparavant sous les têtes de rivets. Ces casques, évolutions tardives des modèles Weisenau, vont connaître au cours du IIe siècle une exubérance décorative grandissante, avec l'application de formes architecturales ou animales découpées dans des feuilles de laiton. Le sommet va être coiffé d'un anneau (pour la suspension ?) ou d'une protubérance qu'on l'on voit déjà clairement sur les métopes d'Adamklissi (voir p. 98-101).

Le soldat est armé du glaive, dont la chape du fourreau décorée en croix est reconstituée d'après un détail du mausolée. Mais celui-ci pourrait bien n'être qu'une simplification de l'artiste pour un élément jugé trop compliqué à reproduire. Cette arme est toujours le classique *gladius* « Pompéi » court, avec la poignée en bois et os. Elle est portée à droite, accrochée directement à la ceinture, comme au début du Ier siècle. Aucun baudrier n'est visible sur les métopes de légionnaires. La ceinture est dépourvue de tablier clouté.

Le *pilum* est le javelot à soie, mais on distingue nettement sur certains reliefs une pièce sphérique sous l'extrémité pyramidale de l'arme. Il s'agit sans doute d'un poids, peut-être en plomb, pour augmenter son pouvoir de perforation à l'impact. Ainsi alourdi, le *pilum* doit avoir une portée réduite. Ce dispositif est visible sur d'autres documents, notamment sur le relief de la Chancellerie de Rome, où l'on voit même un aigle en relief sur la boule.

LEGXX

Soldat auxiliaire Cohors equitata Limes germano-rhétique 150 apr. J.-C.

La frontière la plus surveillée de l'Empire

La frontière germano-rhétique est une des moins sûres de l'Empire, et la concentration des forces armées y est donc plus importante que partout ailleurs. Dès l'époque julio-claudienne, des forts sont construits tout le long d'une route facilitant les communications de l'armée. Sous Vespasien et Titus, des territoires situés sur la rive droite du Rhin sont encore conquis (Champs décumates) pour compléter et sécuriser cette voie militaire. Des tribus germaniques sont en effet toujours actives, notamment les Chattes qui, insaisissables, mènent depuis les forêts du Taunus une guerre d'embuscades contre les Romains. Domitien les combat de 83 à 85. Pour les priver de leur retraite naturelle, les Romains taillent alors de longues saignées dans les forêts, et édifient une ligne de tours fortifiées en bois, tous les 800 m environ. C'est le début du système défensif appelé pour la première fois *limes* par Tacite. À la fin du Ier siècle, les auxiliaires construisent des camps à intervalles réguliers pour abriter des petites garnisons de 100 ou 200 hommes. Il faut attendre Hadrien pour que le *limes* soit mis à couvert derrière une palissade continue. Vers le milieu du IIe siècle, le bois des tours est progressivement remplacé par la pierre, et plus tard, un fossé sera même creusé le long de la palissade.

Une barrière dissuasive

Le *limes* n'a pas pour ambition d'arrêter les incursions, mais plutôt de les dissuader et surtout de filtrer les passages. Le mur est régulièrement percé de portes, au niveau des fortins ou des tours. Les troupes chargées de la défense sont auxiliaires. Les légionnaires, quant à eux, sont casernés dans quelques grands camps en retrait de la ligne de front, et n'interviennent que si la menace est sérieuse et que les petites garnisons auxiliaires n'ont pu en venir à bout. Ces dernières sont soit des cohortes ou de simples centuries de fantassins, soit des ailes ou des turmes de cavalerie, soit enfin des éléments d'unités mixtes. Il existe aussi des troupes d'irréguliers indigènes appelées *numeri*. Chargée de la garde et de la transmission des signaux lumineux ou sonores, une demi-douzaine d'hommes est répartie dans chaque tour de guet, haute de 3 étages. L'entrée se trouve au deuxième, et n'est accessible que par une échelle, rapidement escamotable si l'ennemi vient à l'attaquer. Le premier étage comprend le cellier ; le second l'habitat proprement dit, où les hommes cuisinent et dorment dans des châlits superposés ; le troisième enfin est l'espace de garde, ceint d'une coursive extérieure. Les journées sont bien monotones, surtout l'hiver, et les soldats observent la Germanie libre en attendant la relève.

L'équipement

Cette sentinelle qui surveille la palissade courant au pied d'une des nombreuses tours du *limes*, dans laquelle il est affecté pour quelques jours avec une poignée de ses camarades, est inscrite dans une cohorte *equitata* : composée pour un tiers de cavaliers

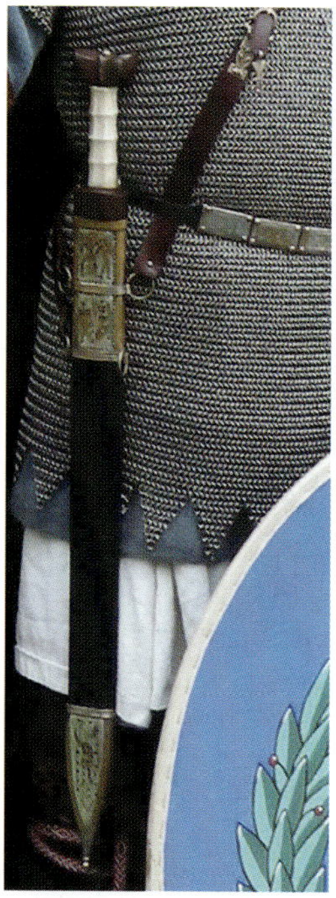

et pour deux tiers de fantassins. Ces unités bâtardes sont moins bien considérées que les ailes de cavalerie, et équipées plus médiocrement.

L'homme porte la cotte de mailles à manches courtes, dont le bas est festonné comme le montre la colonne Trajane. Elle est serrée à la taille par un *cingulum*, mais qui ne comprend plus de tablier clouté. On peut noter cependant, comme nous l'avons fait pour l'archer oriental (voir p. 78-81), qu'au début du IIe siècle, la ceinture disparaît parfois chez les auxiliaires, ce qui ne doit pas être sans provoquer une gêne au niveau des épaules. Nous pouvons en voir une autre illustration sur les métopes d'Adamklissi figurant des auxiliaires. Sur ce monument, il semble même que le glaive fasse déjà place à une épée longue (*spatha*), qui nécessite une suspension à un baudrier du côté gauche pour être plus facilement dégainée. Ce détail mésestimé pourrait faire reculer la date de l'adoption de la *spatha* dans l'infanterie (auxiliaire ?) de plus d'un demi-siècle, sans aucun doute sous l'influence des barbares. Les modes n'étant pas adoptées partout à la même vitesse, notre soldat porte quant à lui une *spatha* de cavalerie pendue sur le flanc droit à un baudrier, fermé par une boucle en bronze. Ce modèle d'arme est ancien, récupéré dans les ateliers militaires et redistribué à des soldats qui ont peu de moyens pour s'acheter des pièces récentes et coûteuses. Sa lame est fine, d'environ 4 cm de large, et longue de 70 à 80 cm. La poignée est composée d'un pommeau et d'une garde en bois, et d'une fusée en os échancrée pour une meilleure préhension des doigts. Les plaques décoratives du fourreau en laiton sont ajourées et étamées partiellement, pour bien faire ressortir les motifs.

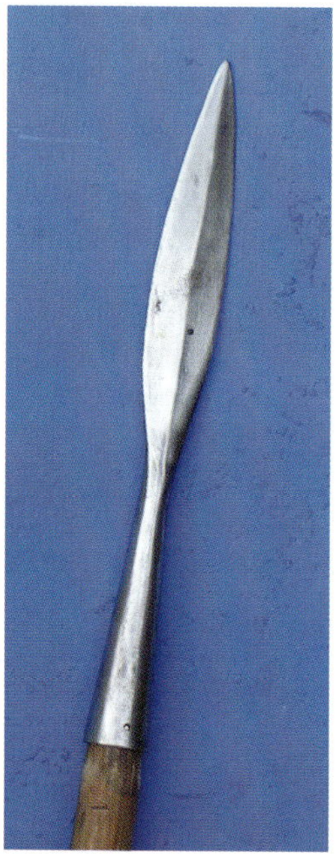

L'autre arme du soldat auxiliaire est la lance (*hasta*), qui peut mesurer 2,50 m, et parfois plus. Il existe de très nombreuses formes de pointe en fer. Toutes n'ont pas d'arête centrale. La hampe est normalement taillée dans du bois de frêne, apprécié pour sa résistance et sa légèreté.

Le casque est une restitution hypothétique d'après des fragments conservés à Florence. De ce casque, il n'a été retrouvé que la bombe qui, à une date postérieure, a été sciée au niveau du bord inférieur frontal, le privant ainsi d'une partie de son garde-nuque et des garde-joues. En outre, le nouveau rebord était perforé à intervalles réguliers, supposant une doublure de cuir cousue, comme cela se fera plus tard au Bas-Empire. En l'état, le casque de Florence témoignerait donc de la pratique du recyclage. Le renfort cruciforme, qui est probablement d'origine, en daterait la fabrication du milieu du IIe siècle apr. J.-C. C'est une idée fausse que d'attribuer aux seuls auxiliaires les casques de laiton, généralement plus simples, et aux légionnaires les casques de fer. Sur la colonne Trajane, auxiliaires et légionnaires portent des casques en tout point semblables.

Le soldat est encore protégé par un bouclier ovale et plat (*parma*) décoré de la couronne de laurier, symbole de victoire. Matériau facile à travailler et extrêmement solide, le cuir brut a remplacé depuis quelques décennies déjà le métal pour confectionner la bordure des boucliers. La raison de ce changement est peut-être de remédier aux déchirures plus ou moins profondes que peuvent occasionner les barbelures de métal produites par un violent coup de taille qui aurait déchiqueté cette bordure. Dans un affrontement, le soldat est en effet régulièrement confronté aux chocs de son propre bouclier, sur le haut du bras et le bas des jambes (son cheval subit les même inconvénients sur le poitrail et les flancs). Cette raison expliquerait également le besoin de se munir de brassards ou de jambières de tissu ou de cuir, confectionnés sans doute par le soldat lui-même. Malheureusement, ce genre d'accessoires nécessaires, en matériaux organiques, n'a laissé que peu de traces archéologiques. On connaît du moins des restes de jambières en cuir retrouvés dans le port de Narbonne et sur le site de Vindonissa. La poignée de bois est légèrement excentrée, ce qui permet de déséquilibrer le poids du bouclier et de réduire le ballant. Un coussinet de cuir rembourré est fixé au-dessus de cette poignée pour protéger le dos de la main.

Pour supporter confortablement sa garde et la fraîcheur du soir, l'homme a enfilé une tunique longue et à manches sous sa tunique de laine. Cette dernière est plus courte (notez les galons brodés aux manches), pour monter plus facilement à cheval, et elle est de couleur bleue. Cette teinte est peut-être une marque distinctive de la cavalerie dans l'armée romaine, alors que les fantassins combattaient en rouge. Deux éléments étayent cette supposition. La stèle funéraire du cavalier Titus Flavius Draccus, soldat dans une aile à la fin du Ier siècle apr. J.-C., présente encore des traces de peinture bleue sur la tunique. Sous la République, lorsqu'une mobilisation était décrétée, les autorités plantaient sur le Capitole deux étendards : un rouge pour appeler les fantassins, et un bleu sombre (*cæruleum)* pour les cavaliers. Notre auxiliaire porte un pantalon, doublé de guêtres en tissu maintenues par des galons entrecroisés et noués sous le genou. Ses chaussures fermées sont cloutées. Sur les épaules, il a encore jeté une épaisse cape de laine, appelée *sagum*, tenu par une fibule. C'est le manteau porté par les cavaliers, car moins gênant à cheval, tandis que les fantassins lui préfèrent la *pænula*, sorte de gabardine à capuchon. « Endosser le *sagum* », symbole militaire par excellence, est une expression pour signifier que l'on se déclare en état de guerre. Le port du manteau nécessite l'emploi d'un foulard, car, très large, il ne couvre pas le cou.

Pour pouvoir signaler l'approche de l'ennemi, ou relayer les ordres de tour en tour, les soldats en poste le long du *limes* disposent de matériel pour faire des signaux lumineux ou sonores. Dans ce dernier cas, ils utilisent un aérophone en tôle de bronze appelé *lituus*, qui se présente comme une corne droite d'un mètre de longueur environ, dont le pavillon est coudé vers le haut. Plusieurs exemplaires ont été retrouvés en Germanie. Deux anneaux permettent le passage d'une courroie destinée à le suspendre.

Les chevaux des soldats sont parqués au pied de la tour. Ils sont utiles pour les patrouilles ou pour battre rapidement en retraire (voir L'équipement du cheval, p. 38).

Civils ou militaires, les Romains n'ont pas l'habitude de se dévêtir complètement avant de se coucher. Ils enlèvent généralement les habits du dessus *(amicti)* et conservent sur eux les vêtements du dessous *(indumenta)*, qui se résument le plus souvent en une ou plusieurs tuniques... selon les rigueurs du climat. Nous savons peu de chose des sous-vêtements militaires. Existaient-ils ? Il est probable que les soldats enfilaient un pagne (*subligar* ou *subligaculum*), comme ceux couramment représentés sur les fresques de gladiateurs. Large pièce de tissu enroulée autour des cuisses et de la taille, celui-ci est généralement blanc, parfois décoré d'un liseré rouge. Mais la difficulté pour s'en défaire, lorsqu'un besoin pressant se fait sentir, nous laisse supposer que les soldats romains pouvaient préférer plus simplement ne rien porter sous leur tunique.

Le premier geste matinal du soldat, après s'être rafraîchi d'un peu d'eau claire, est de chausser ses bottines ou ses sandales. Ces dernières ont un laçage complexe, et cette opération peut prendre quelques minutes, mais il est important qu'elles soient bien ajustées à chaque pied s'il veut éviter tout désagrément, car le soldat romain est un grand marcheur. L'expérimentation des groupes de reconstitution a montré que la durée de vie d'une paire de *caligæ* n'excédait pas quatre mois d'un usage quotidien. Elle confirme également la grande stabilité que procure le cloutage des semelles sur terrain meuble. Mais à l'inverse, il transforme en patinoire les dallages, ce qui coûta la vie au centurion Julien lors de l'attaque du Temple de Jérusalem, en 70. Pour les étapes journalières, une paire de chaussettes sera la bienvenue.

Lors des séances d'entraînement sportif, les soldats portent un caleçon spécial *(campestre)*, qui doit vraisemblablement ressembler au pagne décrit ci-dessous, à moins qu'il ne s'agisse de pantalons courts *(feminalia)* empruntés aux barbares. Pour les travaux de peine, les hommes revêtent une tunique de drap grossier, pour économiser les belles tuniques qu'ils portent à la ville ou à la guerre. Il faut en effet beaucoup de temps pour tisser un vêtement dans l'Antiquité. On considère qu'une tunique exige environ 200 heures de travail, soit autant que pour faire une cotte de mailles... ce qui lui confère une valeur que l'on ne conçoit plus guère aujourd'hui. La tunique de corvée *(exomis)* possède une large encolure, par laquelle le soldat sort un bras pour être plus libre de ses mouvements. Nous la voyons souvent représentée dans l'iconographie romaine, notamment sur un relief de la colonne Trajane qui nous montre des soldats (peut-être des marins) couper des arbres. En temps normal, lorsque les deux épaules sont couvertes, il est nécessaire de raccourcir l'encolure pour éviter que le vêtement ne glisse. Pour ce faire, l'arriè-

re est ramené en boule sous la nuque et serré avec un lacet.
En revanche, lorsqu'il est de sortie, le soldat en goguette endosse des tuniques mieux coupées, et classiquement barrées de deux bandes verticales de couleurs *(clavi)* généralement tissées dans la masse, mais qui peuvent être aussi rapportées ou peintes. À la guerre, la tunique portée sous le *subarmalis* est de couleur rouge, couleur de Mars, dieu de la guerre. La palette des rouges est large, allant du roux au lie-de-vin *(russea)*. Toutes ces tuniques sont de forme rectangulaire, sans manches, d'environ 140 cm de large sur 155 de haut d'après un papyrus égyptien mentionnant une commande pour l'armée de Capadocce. Ce document ajoute que ces tuniques sont en laine et pèsent 1,6 kg chacune. Il est certain que le lin, plus léger et supportable en été, fut aussi largement employé. Suivant les modes barbares, les tuniques se sont faites moins amples au fil du temps, et parfois se sont pourvues de manches. Les soldats, qui ont besoin de se mouvoir avec aisance, font remonter la tunique au-dessus des genoux, et la font blouser par-dessus une ceinture de cuir ou de corde. Cette façon de faire distingue le militaire du civil, qui porte quant à lui des tuniques plus longues. Pour ne pas avoir froid, il peut endosser une cape militaire *(sagum)* ou la *pænula*: sorte de gabardine semi-circulaire en

laine, munie d'un capuchon. Ce manteau peut être fermé par une couture sur la poitrine ou par des boutons de bois ou de corne. Les stèles de soldats défunts nous les montrent fréquemment couverts d'une *pænula* dont les pans sont rejetés sur les épaules. Le manteau peut aussi être porté sur l'armure.

Sur la tunique, le soldat revêt le *subarmalis* pour mieux supporter la cuirasse, mais qui présente aussi l'avantage de préserver sa tunique de l'usure due aux frottements. Ce survêtement matelassé, et souvent garni de bandes de cuir ou de drap, est fermé et s'enfile comme un pull ; mais il peut aussi être ouvert, et se boucle dans ce cas comme un gilet. Avant de mettre l'armure, le soldat ajuste un foulard, noué ou tenu par une fibule, pour prévenir l'irritation des plaques ou des mailles sur la gorge. Quel que soit le modèle de cuirasse à mettre, il est recommandé de se faire aider par un camarade de chambrée ou un valet, qui doit ensuite tirer sur la tunique afin qu'elle ne gêne pas aux entournures, et accessoirement pour lui donner un plissé harmonieux, détail dont les Romains sont toujours soucieux. La cuirasse *segmentata* est endossée déjà assemblée, comme une veste, et il ne reste au soldat qu'à attacher les crochets deux par deux sur l'abdomen avec des lacets de cuir. Sur les cuirasses de mailles ou d'écailles (ou mixtes, *loricæ plumatæ* (?)), les doubles-crochets qui retiennent les épaulières ont tendance à sortir de leur logement sous l'effet des mouvements répétés du corps, et il faut régulièrement les remettre en place.

Un coup de main est de même apprécié lorsqu'il s'agit de se défaire de la cuirasse. Enlever une cotte de mailles oblige à se pencher fortement en avant pour la faire glisser le long du dos. Une séance d'astiquage est nécessaire ensuite pour les *loricæ segmentatæ*, car les traces de rouille ne tardent pas à apparaître, et les officiers de chaque compagnie font régulièrement des revues pour s'assurer que les armes sont parfaitement entretenues. Des équipements étincelants sont la marque d'une armée disciplinée, au mieux de sa forme et de son moral, ce qui augmente la confiance de la troupe en sa propre valeur et impressionne l'ennemi.

L'étape suivante consiste à ceindre le *balteus*, c'est-à-dire le ceinturon militaire, qui prend par la suite le nom de *cingulum* ; *balteus* désignant dès lors le baudrier qui soutient l'épée. Jusqu'à l'invention de la cuirasse à plaques, glaive et poignard sont fixés directement aux deux ceinturons qui se croisent, et qui peuvent être bouclés sans ordre déterminé. Mais par la suite, le glaive ne tenant plus en place avec ce mode de suspension sur la cuirasse à plaques, il est accroché à une bandoulière qui doit être impérativement passée en premier lieu, afin que le *cingulum* vienne dans un deuxième temps coller le fourreau du glaive le long de la hanche. Ce détail a une grande importance pour bien dégainer l'arme. Le mouvement d'extraction de l'épée risquerait en effet d'entraîner le fourreau à sa suite, ou forcerait le soldat à utiliser sa deuxième main pour retenir la gaine en place avant de libérer la lame ; ce qu'il ne peut normalement faire puisqu'il tient son bouclier dans la main gauche.

Le combattant peut également couvrir ses membres de protections supplémentaires, tels un brassard, des jambières en métal, en cuir ou en lin collé, voire un bracelet rembourré pour préserver le dos de sa main gauche des frottements du bouclier.

Une fois équipé, le soldat qui s'apprête à se battre arbore ses « insignes », qui sont des marques de reconnaissance dont se parent tous les hommes de sa cohorte. Avant de coiffer son casque et de le fermer solidement grâce aux lacets coulissant derrière les garde-joues *(bucculæ)*, il fixe au-dessus une crête, en plumes ou en crin, qui peut être combinée avec des aigrettes glissées dans des tubes spéciaux rivetés sur le timbre. Il retire enfin la housse de son bouclier pour découvrir la décoration distinctive de son unité. Le soldat est désormais prêt à affronter ses ennemis.

COH
VI
ASTVR
LEGVI
VIC

Légionnaire
Legio XXX Vlpia Traiana
Guerre contre les Iazyges
175 apr. J.-C.

La première grande invasion germanique

En 138 de notre ère, à 52 ans, Antonin le Pieux succéda à Hadrien. Il s'attacha à respecter l'héritage de son père adoptif et à régner en bonne intelligence avec le Sénat. Jusqu'à sa mort, 25 ans plus tard, cet amoureux de la paix ne quitta jamais Rome, ce qui ne lui permit pas de voir la mollesse dans laquelle sombrait l'armée, ni les dangers qui menaçaient aux frontières, notamment sur le Rhin et le Danube. Les camps n'étaient plus inspectés ni les recrues soigneusement choisies et entraînées. Lorsqu'il monte sur le trône en 161, Marc Aurèle trouve une situation critique, et s'emploie cinq ans durant à repousser les ennemis de l'Empire, surtout en Orient. Mais en 166, une coalition de peuples germaniques envahit la Dacie, la Pannonie, la Norique et la Rhétie, et pénètre jusqu'en Italie. Le *limes* de Rhétie est attaqué et en partie détruit. La guerre dure jusqu'en 175, et Marc Aurèle rétablit la situation non sans mal, et non sans offrir des compensations aux Germains, dont certains sont même autorisés à s'établir comme colons en deçà du Danube, et même en Italie. La frontière est fortifiée et renforcée de garnisons. Les Germains recommenceront la guerre en 178, obligeant l'empereur à reprendre les armes. Mais, à bout de force, il s'éteindra deux ans plus tard à Vindobona (Vienne).

Bataille sur l'Ister gelé

Avec une armée affaiblie par la famine et la peste, Marc Aurèle se voit obligé de mener une terrible guerre contre les Marcomans, les Quades et les Iazyges. Il réunit une douzaine de légions, en crée deux nouvelles, et recrute même des gladiateurs, des esclaves et des exilés. Il s'établit en Pannonie et confie le commandement à Pompéianus et Pertinax. Les Iazyges sont battus sur terre et s'enfuient en traversant à pied le Danube (Ister) gelé. Accoutumés à manœuvrer sur la glace, ils font volte-face et attaquent les Romains avec leur cavalerie. Ceux-ci leur opposent un mur de boucliers, posés au sol, bien calés, et reçoivent sans reculer le choc des barbares. Saisissant les brides et les armes de l'ennemi, ils les renversent. La bataille se transforme en une mêlée générale. Les hommes, glissant et roulant sur la glace, s'agrippent et se tuent au corps à corps. Totalement déstabilisés par cette manière de combattre, les Germains refluent et se font massacrer durant la poursuite. Après cet échec sanglant, les Iazyges tardent à se soumettre, mais finissent par rendre les armes et des milliers de captifs. Ils fournissent même, à titre d'alliés, 8000 cavaliers, dont 5500 sont envoyés par Marc Aurèle en Bretagne.

L'équipement

Élevée à Rome pour célébrer sa victoire sur les Germains, la colonne de Marc Aurèle est, à l'instar de la colonne Trajane, un témoignage exceptionnel pour suivre une armée romaine en campagne. Mais comme pour cette dernière, en matière d'équipement militaire, il faut se garder de la regarder comme le reflet exact de la réalité. Notre reconstitution de ce légionnaire de la période antonine se base donc plu-

tôt sur les artefacts contemporains retrouvés sur le *limes* de Germanie.

L'homme est équipé pour supporter les rudes conditions d'une campagne hivernale. Il porte plusieurs tuniques les unes sur les autres : la première est de fabrication gauloise, en laine et à carreaux, tandis que la dernière est à manches longues, et de couleur rouge pour la bataille. Les jambes sont protégées du froid par des braies. Il semble que ces pantalons soient très utilisés par les soldats romains au IIe siècle, indépendamment du climat. Ils sont traditionnellement de couleur rouge d'après les écrits. La mode sera au blanc quelques décennies plus tard, sous le règne de Septime Sévère.

Aux pieds, notre homme a enfilé de grosses chaussettes de laine, puis de solides sandales fourrées, mais qui ne sont pas les plus adaptées pour patauger dans la boue et la neige. Aussi, pour accroître autant que faire se peut leur étanchéité, des peaux de mouton ont été ajoutées. Le cloutage des semelles lui procure une relative stabilité sur la glace de l'Ister. Des moufles de laine sont également les bienvenues, de même qu'une cape épaisse, appelée *sagum*. Elle s'attache avec une fibule qui est une copie d'un artefact contemporain retrouvé à Rome. Pour combattre, le soldat peut abandonner son manteau, mais celui-ci peut opportunément remplacer un bouclier perdu lorsqu'il est enroulé autour du bras.

Les jambes de notre légionnaire sont couvertes de cnémides en fer. Les textes parlent de telles pièces utilisées par les soldats de l'époque de Marc Aurèle (H.A., Avidius Cassius, VI, 2). Elles sont constituées de deux parties articulées sur charnières au niveau du genou. Ce modèle sera très courant au IIIe siècle, et il en existe de très beaux exemplaires dans les musées, très ouvragés, réservés aux cavaliers lors de joutes sportives. Ces protections tiennent mieux en place sur des braies ou des bandes molletières, comme c'est ici le cas.

Sa cuirasse est une cotte de mailles à manches courtes. Sur la colonne Aurélienne, les bords des cottes de mailles sont festonnés. Ses reliefs sont en outre intéressants dans la mesure où ils nous montrent des soldats d'une même unité (ils portent tous le même bouclier décoré) équipés de cuirasses de différents modèles : *segmentata*, *squamata* et *hamata*. Quelques soldats portent même une quatrième version, dont la surface est lisse. Il peut s'agir d'une cuirasse musclée en cuir ou en métal (?). Grâce aux quelques enseignes visibles sur la colonne, nous pouvons identifier quelques contingents légionnaires, auxiliaires ou prétoriens ; mais on n'observe aucun élément distinctif dans l'équipement. Leurs insignes respectifs sont mystérieux. Peut-être se résumaient-il uniquement aux panaches, ou à quelque autre marque de couleurs sur les vêtements ou sur les armes ? Pour un renfort de protection sur les épaules, toujours très exposées, l'homme a ajouté un gorgerin d'écailles de bronze. Hypothétique mais crédible, cette reconstitution s'inspire d'éléments retrouvés en fouilles à Carlisle, datés du règne d'Hadrien. Cette collerette se boucle sur la nuque par des lacets ; et pour éviter qu'elle ne lui irrite le cou, le soldat a noué un foulard par-dessous. Sur les photos, l'absence de bordure sur le haut de la collerette nous permet de comprendre le montage des écailles sur un support de cuir. Leurs bords sont superposés et solidarisés par de petites agrafes de métal passées dans les trous latéraux. Seul le trou supérieur sert à les fixer par couture sur le support.

Le casque est une copie d'un exemplaire exhumé à Niedermörmter, en Allemagne. Il est en laiton, gravé de symboles militaires (aigles et enseignes) et marins (dauphins et tritons), avec un placage d'argent sur le front du timbre. Les dimensions du couvre-nuque sont remarquables. Tout semble en effet exagéré dans ce dernier modèle de la série Weisenau. Le renfort cruciforme du timbre a évolué pour n'être plus qu'un élément décoratif. La reconstitution des garde-joues, perdus sur l'artefact, est ici hypothétique. Une inscription sur la tranche de la visière indique que son propriétaire, Lucius Sollionus Super, faisait partie de la XXXe légion *Ulpia vitrix*. Comme cette unité a changé de surnom à partir de 197 apr. J.-C., on peut en conclure que ce casque a été fabriqué et porté à une date antérieure, mais sans doute pas plus de quelques décennies. Un modèle très similaire de l'ancienne collection Guttmann existe en fer, avec des appliques de laiton, de même qu'un casque retrouvé en Algérie.

Comme nous venons de le voir au sujet de la cuirasse, les équipements militaires représentés sur la colonne Aurélienne sont beaucoup moins standardisés que sur la colonne de Trajan. Cette remarque est vraie également en ce qui concerne les boucliers. Sur le monument, la grande majorité est de forme ovale, et apparemment plate. Quelques rares *scuta* rectangulaires sont visibles, notamment dans une scène de tortue. Il est à noter qu'à plusieurs reprises, sur des alignements de légionnaires en cuirasse segmentée, le premier est équipé du bouclier ovale, et ses deux suivants du *scutum*. Serait-ce un argument supplémentaire en faveur de la théorie qui attribuerait des boucliers différents à des combattant spécialisés au sein de la légion (voir p. 32-35) ? La minceur des indices nous recommande cependant la plus extrême prudence. Le bouclier de notre homme est reconstitué à partir d'un petit bronze algérien, gravé du motif de la couronne de laurier et de l'inscription propitiatoire : *VTERE FEL(I)CI(T)ER* (« utilise-le pour être heureux »). Notez la forme du bouclier légèrement anguleuse.

Ce soldat tient un *pilum* à douille, d'un modèle très commun. Il est en outre armé d'un glaive. C'est encore une lame courte, identique ou proche des anciens modèles « Pompéi », mais les lames n'ont plus systématiquement des tranchants parallèles, mais également convergents. Les poignées sont principalement en bois et os, mais apparaissent à cette époque des pommeaux métalliques en forme d'anneau, peut-être d'origine sarmate. Le fourreau se simplifie et n'est plus – ou que peu – décoré. La fixation se fait à l'aide d'un baudrier qui n'est plus relié à des anneaux, mais à une agrafe de suspension en métal ou en os de cerf, fixée au centre du fourreau. Les reliefs ne montrent pas de ceinture, ce qui paraît incompréhensible. Tout le poids de l'armure repose ainsi sur les épaules, et le fourreau du glaive n'est plus plaqué le long de la hanche pour l'immobiliser au moment de le dégainer. Parce qu'il n'a plus rien pour le suspendre, notre légionnaire n'a plus de poignard. Cette arme est effectivement absente de la plupart des contextes archéologiques du IIe siècle. Il réapparaît au IIIe siècle.

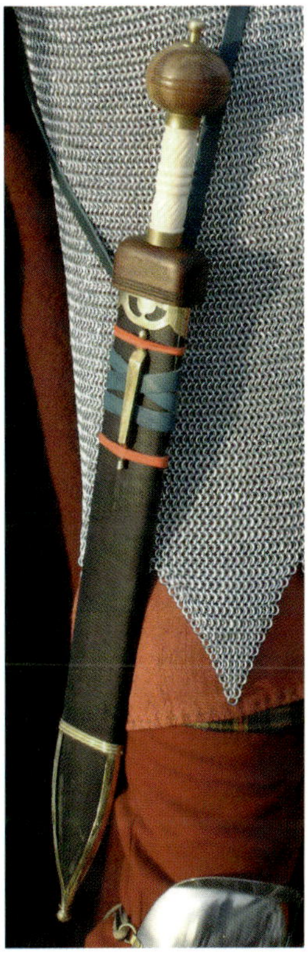

Légionnaire Legio XX Valeria Victrix Bataille de Lyon 197 apr. J.-C.

Une nouvelle année des 4 empereurs

À la mort de Commode, en 192, le Sénat choisit Pertinax pour lui succéder. Ce vieux soldat, champion de la tradition, tente de rétablir la discipline militaire. Mais il est assassiné trois mois seulement après son avènement par les prétoriens révoltés, qui installent à sa place un sénateur contre la promesse d'une forte prime d'investiture : Didius Julianus. Mais dans les provinces, les légions s'insurgent à leur tour, cherchant à imposer leur propre candidat : l'armée de Syrie et d'Égypte proclame Pescennius Niger, celle de Bretagne choisit Clodius Albinus, et les unités de Pannonie acclament Septime Sévère. Plus proche de l'Italie, ce dernier descend rapidement à Rome. Il dépose Julianus et licencie avec ignominie la garde et la remplace par ses meilleurs soldats. Puis, judicieusement, il désigne comme héritier présomptif Clodius Albinus, muselant ainsi ses prétentions. Ceci fait, il se retourne contre Pescinnius Niger et le vainc. N'ayant que peu de légitimité et d'appui au Sénat, Septime Sévère imagine alors se faire adopter par le défunt – mais très populaire – Marc Aurèle, comme s'il en était le digne héritier. Albinus, poussé par le Sénat, déclare la guerre à son collègue. Septime Sévère le désigne aussitôt ennemi public, et reconnaît son propre fils comme successeur : le futur Caracalla. La confrontation finale a lieu au nord de Lyon, le 19 février 197.

Une chute de cheval décide de la victoire

D'une égale bravoure, les deux armées, fortes de 150 000 hommes chacune, ne parviennent pas à assurer leur suprématie, et il faut un incident pour décider de l'issue de la bataille. Septime Sévère est en effet désarçonné et sa mort annoncée. Croyant la victoire acquise, les soldats d'Albinus entonnent déjà des chants d'allégresse et se lancent à la poursuite de leurs adversaires. À la tête de la réserve de Sévère, Laetus attendait jusque-là prudemment de voir quel camp aurait la faveur des armes, et à l'annonce du décès de son empereur, il choisit, dit-on, le parti d'Albinus. Mais, parvenu sur le champ de bataille, il trouve Septime Sévère remis en selle et contre-attaquant. L'arrivée de ces troupes fraîches contre les soldats d'Albinus, fatigués et désordonnés, donne le signal de la débandade. La poursuite et le massacre continuent jusque dans les rues de Lyon, qui est incendiée et pillée. La tête d'Albinus est envoyée à Rome et exposée. Septime Sévère récompense largement ses soldats, leur attribuant une prime d'un montant extraordinaire, les autorisant à porter un anneau d'or et à vivre avec leur femme, et dispensant les vétérans de tout service public. Sous son règne, l'armée s'accroît de 3 nouvelles légions.

L'équipement

À quelques nuances près, notre soldat peut être représentatif de près d'un siècle d'histoire romaine, entre la fin du IIe siècle et celle du IIIe siècle. L'allure générale de ce soldat est reconstituée d'après un médaillon en bronze trouvé en France, daté du IIIe siècle, figurant un défilé des *vexillationes* des légions *II Augusta* et *XX Valeria*

Victrix. Ces deux unités étaient stationnées en Angleterre au moment de la guerre civile, et ont donc fait partie de l'armée de Clodius Albinus, gouverneur de l'île.

Plusieurs nouveautés sont visibles dans son équipement, notamment le casque, qui semble préfigurer les heaumes du Moyen Âge. Apparu vers le milieu du IIe siècle, comme le prouvent les fragments retrouvés dans le fort de Newstead sur le mur d'Hadrien, datés du règne d'Antonin le Pieux (140-158 apr. J.-C.), ce casque est classifié sous l'appellation « Niederbieber ». Il en existe plusieurs variantes, en fer ou en laiton. L'exemplaire ci-contre est reconstitué d'après un artefact de Heddernheim en Allemagne, exposé aujourd'hui au musée de Francfort. Il se caractérise par cette forme très enveloppante qui ne laisse à découvert que les yeux, le nez et la bouche. Même les oreilles sont désormais cachées, ce qui a laissé un temps penser qu'il s'agissait d'un casque de cavalerie, selon la tradition de ce corps. Mais il n'en est rien. Nous retrouvons le renfort cruciforme au sommet du timbre, fixé par de gros rivets à tête conique. La visière, qui prend une forme anguleuse, est parfois montée à l'envers, pointée vers le ciel. Les deux garde-joues s'accrochent sur le menton par un crochet. Le bord inférieur est replié vers le haut pour éviter qu'un projectile ou un coup d'épée ne glisse et ne vienne blesser le soldat au cou. Une poignée est toujours fixée sur le garde-nuque, comme sur les modèles Weisenau.

Une autre innovation est cette plaque de poitrine d'un usage commun au IIIe siècle, toujours magnifiquement décorée. En laiton estampé, celle-ci représente Mars et Hercule. Elle est fixée à la cotte de mailles par des agrafes de bronze. Les deux moitiés qui servent d'encolure à la cuirasse se ferment par une longue goupille. L'armure est portée sur un *subarmalis* de cuir épais, qui se termine par deux rangées de lambrequins dont on devine le rembourrage, et qui protègent efficacement les cuisses. Notre homme porte une tunique aux manches longues garnies de galons bleus, et des *feminalia* en cuir. Pour se protéger autant du froid que des griffures qui peuvent survenir durant les marches en forêt, notre soldat a enfilé des guêtres de cuir souple par-dessus des bas de laine, serrées par des lacets (on devine nettement une protection de jambe sur le médaillon précité, tenue au niveau de la cheville et du genou, mais il pourrait aussi bien s'agir de jambières). Si ce genre d'accessoire n'est jamais visible sur les monuments ou dans

les fouilles, il n'en demeure pas moins d'un usage universel. Pétrone (*Satiricon*, 40) nous parle en effet des guêtres utilisées pour les mêmes raisons par les chasseurs. Aux pieds, il porte des chaussures fermées et cloutées, d'un modèle bien connu par l'archéologie, notamment dans les dépotoirs du camp de la Saalburg près de Francfort.

Épée et baudrier sont reconstitués d'après une belle découverte de Lyon, rue des Fantasques, dans la tombe d'un soldat mort probablement au cours de la bataille qui eut lieu aux abords de la ville en 197, ou lors de la répression qui s'ensuivit. Il s'agit du premier témoignage archéologique illustrant le remplacement du glaive par une *spatha* longue, qui sera d'un usage universel au IIIe siècle. Du fait de sa longueur, la *spatha* est désormais suspendue sur la hanche gauche par un baudrier, afin d'être plus facilement dégainée. Sur un cuir soigneusement cousu, des lettres sont fixées par rivetage pour composer une expression propitiatoire courante à l'époque : *VTERE FELIX* (« uses-en pour être heureux »). Certaines de ces lettres forment un petit anneau pour y pendre un accessoire. L'extrémité de la ceinture est scindée en deux fines lanières lestées d'un pendentif. La sépulture a révélé aussi un cabochon décoratif de baudrier, d'un modèle très simple, ainsi que les garnitures métalliques du fourreau d'épée, dont la bouterolle en forme d'écusson. Toutes ces pièces sont en laiton étamé. La poignée de la *spatha* est en os. Elle s'inspire d'un artefact du IIIe siècle retrouvé dans une tombe de Cologne.

Il n'y avait pas trace de poignard dans la tombe, mais celui-ci a tout de même été ajouté sur notre reconstitution. À cette époque, et durant tout le IIIe siècle, le poignard revient en faveur. Son fourreau est plus simple que par le passé, fait d'une armature ajourée. La lame reprend la forme du poignard du Ier siècle, mais le pommeau est désormais découpé pour former un croissant.

Le bouclier est ovale, comme le montre parfaitement le médaillon, et lenticulaire. Cette forme permet de mieux répartir et atténuer les ondes de choc. La bordure en laiton est un archaïsme. Le motif peint reprend une décoration visible sur un relief représentant une harangue de Marc Aurèle à ses troupes, réinséré sur l'arc de Constantin. Les poissons et le trident suggèrent un rapport avec la marine ou une victoire navale, mais ce n'est pas certain. Le soldat est encore armé de la lance. Il est possible qu'elle revienne en usage dans les légions au IIe siècle de notre ère, mais les textes sont trop incertains pour l'affirmer avec certitude.

L'ÉQUIPEMENT COLLECTIF DE LA CENTURIE ET DE LA CHAMBRÉE

L'équipement du soldat romain ne se résume pas dans ses seules armes et vêtements. Le légionnaire est en effet doté d'ustensiles de cuisine que lui fournit en partie l'armée – contre retenues sur son salaire – ou qu'il achète en dehors, dans les agglomérations près desquelles il stationne. Il transporte aussi une trousse de toilette et de première urgence, ainsi que des accessoires qui agrémentent son quotidien (voir p. 76-77). Chaque soldat doit également participer individuellement à l'achat du matériel commun de son *contubernium*, autrement dit de sa chambrée. Celle-ci est la plus petite subdivision de l'unité, légionnaire ou auxiliaire, mais ne joue aucun rôle tactique. Elle regroupe huit soldats. Dix *contubernia* composent ainsi une centurie de 80 hommes ; effectif théorique auquel il faut ajouter les officiers et sous-officiers : centurion, porteurs d'enseigne, musiciens. Les *optiones* (adjoints des gradés) et leurs propres seconds, tel le *tesserarius*, qui a la responsabilité de communiquer le mot de passe, font partie des hommes de troupe, et à ce titre sont inscrits au nombre des *contubernales* (camarades de chambrée).
Les soldats ont encore des valets *(calones)* pour les aider. On pourrait les comparer à des écuyers, veillant au confort de leur maître, qui semblent leur être sincèrement attachés. Il ne faut pas les confondre avec les esclaves qu'emploie l'armée en grand nombre, notamment dans le train des bagages. Les valets participent aux mêmes entraînements que les soldats, et font preuve occasionnellement d'une réelle combativité. La question du logement des *calones* est problématique, et il serait logique de les voir vivre auprès de leur maître, sous la même tente, mais celle-ci se révèle vite exiguë avec huit hommes et leurs bagages.

La tente

Le soldat paie aussi sa tente (« *papilio* », car déployée au sol, elle dessine la forme d'un papillon). D'après les textes et l'archéologie, elle est en cuir. Il faut près de 90 peaux de chèvre pour confectionner une tente. Un calcul simple nous permet d'estimer que près de 60 000 bêtes sont nécessaires pour loger les 600 *contubernia* d'une seule légion, sans compter les grandes tentes des officiers supérieurs, de l'hôpital, des ateliers, des magasins, etc. L'Empire dispose d'une trentaine de légions, soit 150 000 légionnaires, et autant d'auxiliaires qu'il doit loger, sans compter les non-combattants, dont le nombre égale peut-être celui des soldats dans chaque unité. On peut donc se demander, de peur d'éradiquer toute la race caprine, s'il n'existait pas aussi des tentes textiles, bien que ce dernier matériau fût à l'époque beaucoup plus coûteux qu'il ne l'est aujourd'hui, le cuir l'étant au contraire bien moins. Les découvertes de fragments de cuir au camp de Vindolanda, sur le mur d'Hadrien, nous permettent d'en dresser le plan. La *papilio* mesure environ 3 x 3 m, pour une surface au sol de 9 m². Les « murs » latéraux font moins d' 1,5 m de hauteur, et le toit culmine à 1,70 m ou 1,80 m. Il est possible qu'en d'autres lieux et en d'autres temps, des formes différentes aient existé. Les reliefs de la colonne Trajane nous montrent des formats supérieurs, sans nul doute réservés aux officiers qui, en accueillant leurs subordonnés, doivent pouvoir y tenir conseil.

Avec ses piquets, la tente peut être transportée par une seule mule. Son poids est important, surtout quand elle est mouillée, mais elle a tout le loisir de sécher, car elle est dépliée tous les soirs. Elle exige un entretien constant pour la graisser et l'imperméabiliser. Les soldats s'y reposent, couchés en temps normal sur une simple litière de paille, enroulés dans leur manteau, au milieu de leurs affaires qui ne sauraient supporter l'humidité extérieure. Lorsque l'unité est casernée plus ou moins longtemps sur un même lieu, des aménagements améliorent sans doute ce confort très rudimentaire. Les tentes des centurions, et *a fortiori* celles des officiers supérieurs, bénéficient de meilleurs aménagements. Elles peuvent avoir des meubles et même une baignoire.
Au camp, les tentes de chaque centurie sont alignées. Les 10 tentes des 10 *contubernia* sont précédées d'une tente plus vaste, en bout de rangée, occupée par le centurion (avec peut-être 2 serviteurs). Musiciens et porte-enseignes partagent sans doute une même tente, placée directement entre celle du chef et celles de ses hommes. Cette ligne de 12 tentes fait face à celle d'une autre centurie (ces 2 centuries forment un manipule de 160 hommes), aménageant un espace central où sont parquées les bêtes, où les centurions font l'appel et la revue, et où les soldats cuisinent et se distraient. Si les valets ne peuvent dormir dans les mêmes tentes que les soldats, ils doivent alors posséder leurs propres abris, alignés peut-être perpendiculairement entre les rangées des 2 centuries.

Le matériel de cuisine et d'entraînement
Devant les tentes, les hommes forment les faisceaux, avec leur bouclier et javelot. Le casque est normalement accroché au *pilum*, et pend sur le *scutum*; l'ensemble tient alors solidement en place, comme on peut le voir sur les photos ci-contre. La *furca* – fourche de bois qui sert en temps normal à supporter les bagages personnels du soldat durant les marches – est ici opportunément utilisée pour poser l'armure *segmentata*.
À l'heure du repas, les soldats préparent eux-mêmes leur nourriture. Il n'existe pas de cantine, et sans doute les hommes se répartissent le travail à tour de rôle,

aidés des valets. Sur un panier faisant office de table (utilisé normalement à vider la terre d'un fossé), un homme découpe la ration de viande que lui a distribuée le boucher *(lanius)* du camp. La troupe possède ses propres troupeaux, mais achète aussi des animaux aux marchands, les réquisitionne, ou les soustrait directement à l'ennemi lors de razzias. On peut imaginer que chaque chambrée possède son propre trépied et des contenants collectifs divers, comme des poêles, des marmites, des outres, etc. Gamelle, quart, gourde, couverts font partie du paquetage individuel. Les hommes consomment de grandes quantités de céréales fournies par l'intendance. À charge pour eux de les moudre en farine, pour en faire du pain, des galettes, des bouillies... Chaque centurie dispose pour ce faire de meules en granite, dont l'archéologie nous a fourni de nombreux exemples, marquées du nom de l'unité. Deux roues actionnées par une manivelle pulvérisent le grain. Un caisson de bois permet de recueillir la farine ainsi obtenue.
Avec un peu d'artillerie, la centurie possède également du matériel d'entraînement : glaives et javelots en bois, d'un poids double de celui d'une arme réelle. Le soldat se muscle ainsi, et manie plus facilement les vraies quand il les reprend en main. Il emploie aussi un bouclier en osier, lui aussi plus lourd, et certainement recouvert de cuir. Avec de tels accessoires, il s'exerce quotidiennement dans le camp, mais plus sûrement sur un vaste terrain d'exercice aménagé à proximité. Il y apprend entre autres choses à creuser des fossés et édifier des retranchements, et à composer des obstacles et chevaux de frise avec des pieux spéciaux en chêne *(valli, sudes)*, eux aussi marqués du nom de la centurie. Pour procéder à toutes ces constructions, son *contubernium* dispose d'une série d'outils très similaires à ceux dont nous nous servons de nos jours.

Les outils

Chaque unité utilise une grande variété d'outils, pour répondre à toutes les situations. Avant de monter son camp, quelques officiers compétents et des géomètres trouvent un terrain idéalement situé, et le préparent à recevoir la troupe qui suit à quelque distance. Une équipe de terrassiers dégage la végétation avec des houes *(ligones)*, des herminettes *(asciæ)*, des ébranchoirs *(falces)*, des scies *(serræ)* et des haches *(securis)* pour abattre les arbres. La *dolabra* se présente comme une cognée d'un côté et une pioche de l'autre, qui permet de sortir les souches et de faire rouler les rondins. Le terrain est ensuite lissé avec des herses en fer, des binettes *(bidenses)* et des râteaux *(rastri)*. Un ou plusieurs fossés sont creusés tout autour du périmètre avec des pelles *(palæ)* en bois cerclées de fer, ou des pelles à « col de cygne » *(rutri)*. Mais avant cela, le tapis d'herbe, sur une largueur d'une trentaine de mètres, est découpé en mottes de 30 x 45 cm, grâce à des tranchoirs en forme de demi-lunes *(cæspitarii ?)*. Ces mottes sont empilées de façon à élever les parements d'un talus, au milieu duquel la terre des fossés est reversée à l'aide de paniers *(quala, cofini)* ou de caisses en bois *(alvei)*, puis damée. Sur ce parapet, les soldats érigent un mur fait de claies crénelées, sans doute transportées en modules dans le train des bagages. Chaque centurie est responsable d'une portion de ce retranchement, et le centurion vérifie méticuleusement la longueur dévolue à ses hommes grâce à une longue perche graduée de 3 m.

Le transport des bagages
Comme le montre l'une des photos ci-contre, les effets personnels plus volumineux des soldats peuvent être rangés dans d'hypothétiques mais plausibles panières, ce qui rend nécessaire l'usage d'un chariot pour les bagages d'une chambrée entière. Ces derniers, ainsi que le matériel commun du *contubernium*, sont transportés dans des voitures ou à dos de mules (de chevaux, voire de chameaux dans les régions arides), et voyagent sous la surveillance des valets au milieu du train de l'armée *(impedimenta)*, qui comprend également les machines de guerre, des engins de levage, des « moutons » pour enfoncer les piles d'un pont ou encore des barques pour traverser les rivières, etc. Nous ne connaissons pas précisément l'importance de la logistique pour chaque chambrée. À l'époque byzantine, 5 ou 6 siècles plus tard, chaque escouade de 16 hommes (l'équivalent de 2 *contubernia*) dispose d'un chariot pour porter ses meules, ses outils et ses paniers. Peut-être est-ce le cas également sous le Haut-Empire ? Mais rappelons que les chariots ne peuvent circuler que sur des voies bien tracées et entretenues, et que les animaux de bât présentent l'avantage d'être plus « tout terrain », et même de pouvoir être mangés en cas de disette. Il faut raisonnablement compter une mule pour porter la tente, une autre pour les outils et paniers, et peut-être un chariot pour les bagages personnels des hommes. En cas de marche forcée, lors d'une poursuite par exemple, les troupes marchent avec un minimum de bagages, pour aller plus vite. Les soldats ne se contentent alors que du strict minimum de campagne : outils pour édifier un retranchement, tentes et vivres, portés par les bêtes de somme, plus mobiles. Le reste des bagages ne suit qu'à distance, car les chariots sont plus lents. Pour réduire le volume du train (ou rationner une eau rare en limitant le nombre de bêtes), il est encore possible de faire porter par les soldats une grande partie de l'outillage.
On comprend aisément l'importance des *impedimenta* : sans eux, les Romains ne peuvent entreprendre une guerre. L'ennemi le sait, et souvent il porte sciemment ses attaques sur les bagages pour les subtiliser et réduire ainsi tous les efforts de l'adversaire à néant.

COH
VI
ASTVR

LEGVI
VIC
LEGVI
VIC

Glossaire

A

Ænator : sonneur de trompette.

Ærarius : artisan travaillant le bronze.

Ala : régiment de cavalerie (*ala quingenaria* de 500 soldats ; *ala milliaria* de 800 cavaliers environ).

Amentum : courroie de propulsion de certains javelots.

Antesignanus : soldat qui combat en première ligne, devant les enseignes.

Aquila : enseigne principale de la légion figurant un aigle.

Aquilifer : sous-officier qui porte l'*aquila*.

Arma : armes.

Armamentarium : arsenal.

Armilla : bracelet décerné aux soldats méritants.

Ascia : herminette ou hache.

B

Balteus : d'abord ceinture, puis baudrier supportant l'épée.

Beneficiarius : soldat promu par un officier.

Bidens : binette, utilisée par les terrassiers.

Bracæ : braies, pantalons longs.

Buccula : paragnathide du casque (garde-joue).

Bucina : instrument de musique en forme de corne, qui sonne notamment les changements de garde (*prima* ou *secunda bucina* : première ou deuxième veille).

Bucinator : joueur de *bucina*.

C

Calcar : éperon.

Calcearium : indemnité allouée pour permettre le remplacement des clous usés ou perdus des chaussures.

Calcei : chaussures fermées, utilisées notamment par les officiers.

Caligæ : sandales cloutées.

Calo : valet d'armée.

Campestre : caleçon d'entraînement.

Caracalla : grand manteau gaulois à capuchon, qui devint le surnom de l'empereur Antoninus qui affectionnait ce vêtement.

Carbatinæ : chaussures fermées.

Cassis : casque.

Centuria : centurie, compagnie d'environ 80 soldats.

Centurio : centurion, sous-officier commandant une centurie.

Cinctorium : ceinture de tissu que les officiers attachent autour de leur cuirasse (?).

Cingulum : ceinturon militaire.

Clavarium : indemnité allouée pour permettre de remplacer les clous usés ou perdus des chaussures.

Clavi : bandes colorées sur les vêtements.

Clipeus : bouclier rond, sur lequel on peint parfois des inscriptions ou le portrait d'un ancêtre héroïque, et que l'on accroche ensuite sur le seuil de la maison.

Cofinus : panier utilisé pour le transport des gravats par les terrassiers.

Cohors : unité auxiliaire, ou subdivision tactique de la légion formée de trois manipules.

Cohors equitata : cohorte mixte, formée de cavaliers et de fantassins auxiliaires.

Cohors milliaria : cohorte de 800 hommes environ.

Cohors prætoria : cohorte prétorienne.

Cohors quingenaria : cohorte de 500 hommes environ.

Cohors urbana : cohorte urbaine.

Contubernalis : camarade de chambrée.
Contubernium : chambrée réunissant huit hommes.
Contus : lance de cavalerie, munie d'un fer à chaque extrémité.
Cornicen : musicien joueur de *cornu*.
Cornu : sorte de grand cor de chasse.
Corona : couronne honorifique en feuillage ou en métal précieux.
Crepida : sandale.
Crista transversa : crête transversale, insigne de grade du centurion.
Custos armorum : responsable de l'armurerie.

D

Decurio : décurion, sous-officier commandant une *turma* de cavaliers.
Dolabra : outil, pioche d'un côté et hache de l'autre.
Dona militaria : insignes honorifiques décernés pour bravoure.

E

Emeritus : vétéran.
Eques : cavalier.
Exomis : tunique de travail permettant de dégager un bras.

F

Fabrica : atelier d'un camp militaire.
Falx : outil muni d'une longue lame pour couper (faucille pour les semailles ou ébranchoir pour éclaircir les sous-bois).
Fascia ventralis : ceinture d'étoffe portée sous le *cingulum*.
Feminalia : pantalon court.
Ferrarius : forgeron.
Focale : foulard.
Furca : fourche en bois au sommet de laquelle le soldat accroche son paquetage pour le transporter commodément.

G

Galea : casque.
Gladiarius : fabricant de glaives.
Gladius (hispaniensis) : glaive emprunté par Rome aux Ibères pour équiper ses soldats.

H

Hasta : lance.

I

Imaginifer : sous-officier chargé de porter l'*imago*.
Imago : image de l'empereur ou d'un membre de sa famille, vénérée dans les camps.
Immunis : soldat exempté de corvées.
Impedimenta : bagages du train.
Iumentum : bête de somme.

L

Lancea : javeline.
Lanius : boucher.
Legatus : « légat », lieutenant d'un consul ou d'un général en chef.
Legio : légion, unité composée de 5 000 à 6 000 citoyens romains.
Lignarius : artisan travaillant le bois.
Ligo : serfouette pour enlever la végétation et nettoyer l'emplacement d'un camp.
Limes : ligne de communication fortifiée, aménagée sur les frontières sensibles de l'Empire.
Lituus : instrument de musique de cavalerie (?)
Lorica hamata : cotte de mailles.
Lorica plumata : cuirasse d'écailles, dont l'aspect ressemble au plumage d'un oiseau.
Lorica segmentata : cuirasse composée de larges plaques de fer ajustées.
Lorica squamata : cuirasse composée d'écailles métalliques cousues sur une tunique.

M

Manica lamminata : brassard de plaques articulées.

Manipulus : unité tactique composée de 2 centuries (environ 160 hommes) ; également poignée d'un bouclier.

Miles : soldat.

Miles gregarius : soldat du rang.

Missicius : vétéran.

Munifex : soldat astreint aux corvées.

N

Numerus : corps de fantassins irréguliers indigènes.

Numerus collatus : détachement de troupes qui n'a pas droit au fanion (voir *vexillum*).

O

Ocrea : jambière.

Optio : suppléant choisi par un gradé pour le seconder dans sa mission journalière, ou le remplacer en cas d'invalidité.

Optio fabricæ : responsable adjoint des ateliers militaires.

Orle : bordure métallique du bouclier.

P

Pænula : gabardine de laine, au large capuchon, portée par les soldats.

Pala : pelle-bêche.

Paludamentum : manteau de général, généralement rouge ou pourpre.

Papilio : tente abritant les huit hommes d'un *contubernium*.

Parazonium : épée de prestige portée par les officiers supérieurs.

Parma : bouclier rond ou ovale.

Patera : gamelle individuelle du soldat.

Pera : sacoche en cuir contenant les effets personnels du soldat, suspendue à la *furca*.

Phalera : décoration fixée sur les enseignes, les harnachements de chevaux ou (à l'instar de nos modernes médailles militaires) sur les baudriers des soldats.

Pilum : javelot du légionnaire.

Posca : boisson vinaigrée du soldat.

Præfectura alæ : commandement d'une aile de cavalerie.

Principalis : sous-officier de rang inférieur au centurion.

Pteryges : lambrequins de cuir ou de toile qui prolongent le *subarmalis*.

Pugio : poignard.

Q

Qualum : panier dans lequel les terrassiers versent la terre extraite des fossés du camp.

R

Raster : râteau avec lequel le soldat nettoie l'espace avant l'édification du camp.

Rutrum : pelle à col de cygne utilisée pour creuser les fossés.

S

Sagittarius : archer.

Sagum : manteau ou cape porté par les soldats et surtout les cavaliers.

Sarcina : bagage personnel du soldat, porté sur l'épaule durant la marche.

Scordiscus : selle de cavalerie.

Scutarius : fabricant de boucliers.

Scutum : bouclier long et incurvé du légionnaire.

Securis : hachette.

Serra : scie.

Signaculum : plaque d'immatriculation métallique que le soldat porte autour du cou.

Signifer : porteur d'une enseigne militaire.

Signum : enseigne militaire.

Situla : marmite du soldat.

Spatha : longue épée de cavalerie, puis d'infanterie à partir du IIe siècle apr. J.-C.

Speculator : éclaireur ou estafette, ou encore garde du corps du général.
Spina : arête de renfort fixée au milieu du bouclier.
Strigilis : racloir dont se servent les baigneurs et les sportifs pour se débarrasser de la sueur et de la crasse.
Subarmalis : vêtement de rembourrage porté sous la cuirasse.
Subligaculum (ou *subligar*) : caleçon.
Sudis : pieu de rctranchement.

T
Tegimentum : housse qui enveloppe le bouclier.
Tesserarius : soldat choisi par un *optio* pour le seconder. Il transmet notamment le mot de passe.
Toga prætexta : toge portée par les sénateurs ou les enfants de moins de 17 ans, liserée de pourpre.
Torqua : collier honorifique décerné pour récompense.
Tribunus : officier d'une légion, de rang équestre (tribun angusticlave) ou sénatorial (tribun laticlave). Un corps auxiliaire peut également être commandé par un tribun.
Tuba : trompette droite.
Tubarius : artisan qui fabrique des *tubæ*.
Tubicen : musicien joueur de *tuba*.
Turma : escadron d'une trentaine de cavaliers.

U
Umbo : protubérance fixée au centre du bouclier, pour protéger la main et frapper l'adversaire.

V
Vallus : pieu servant à construire des obstacles et des chevaux de frise.
Veles : vélite, soldat de l'infanterie légère armé de javelots.
Ventralum : ceinture d'étoffe portée sous le *cingulum*.
Veteranus : vétéran.
Vexillarius : sous-officier chargé de porter le drapeau (*vexillum*) d'une unité.
Vexillatio : détachement de soldats.
Vexillum : petit drapeau carré fixé au sommet d'une lance.
Vitis : cep de vigne, insigne de commandement du centurion.

Bibliographie sommaire

Aßkamp R. et Wiechers R. : *Westfälisches Römermuseum Haltern*, Münster, 1996.

Barker P. : *The Armies and enemies of Imperial Rome*, 1981.

Beck F. et Chew H. : *Masque de fer. Un officier romain du temps de Caligula*, catalogue d'exposition Musée des Antiquités Nationales, 1991-1992.

Bishop M. C. et Coulston J. C. N. : *Roman Military Equipment*, Londres, 1993.

Bishop M. C. : *Lorica Segmentata*, Vol. 1, A Handbook of Articulated Roman Plate Armor (JRMES Monograph N° 1), 2002.

Bonnamour L. : *Du silex à la poudre, 4000 ans d'armement en Val-de-Saône*, catalogue d'exposition, p 93-115, 1990-1991.

Connolly P. : *Greece and Rome at War*, Londres, 1981.

Cousissin P. : *Les armes romaines. Essai sur les origines et l'évolution des armes individuelles du légionnaire romain*, Paris, 1926.

Cowan R. : *Roman Legionary, 58 BC - AD 69*, Osprey, Warrior N° 71, Londres, 2003.

Cowan R. : *Roman Legionary, AD 161 - 284*, Osprey, Warrior N° 72, Londres, 2003.

Dixon K. R. et Southern P. : *The Roman Cavalry*, Batsford, Londres, 1992.

Feugère M. : *Les armes des Romains, de la République à l'Antiquité tardive*, Paris, 1993.

Feugère M. : *Casques antiques, les visages de la guerre de Mycènes à la fin de l'Empire romain*, Paris, 1994.

Furger A. R. : *Ad Arma, Römisches Militär des I. Jarhunderts n. Chr. in Augusta Raurica*, Bâle, 1999.

Gilbert F. : *Le soldat romain, à la fin de la République et sous le Haut-Empire*, Paris, 2004.

Harnecker J. : *Katalog der römischen Eisenfunde von Haltern aus den Grabungen der Jahre 1949-1994*, Mayence, 1997.

Journal of Roman Military Equipment Studies, Newcastle upon Tyne, recueils annuels d'articles depuis 1990.

Junkelmann M. : *Die Legionen des Augustus*, Mayence, 1985.

Junkelmann M. : *Die Reiter Roms*, Mayence, 3 tomes, 1990-1991-1992.

Kemkes M. et Scheuerbrandt J. : *Zwischen Patrouille und Parade, Die Römische Reiterei am Limes*, Stuttgart, 1997.

Maxfield V. A. : *The military Decoration of the Roman Army*, Londres, 1981.

Peterson D. : *The Roman Legion in colour photographs*, Londres, 1992.

Rankov B. : *The Praetorian Guard*, Osprey, Elite Series N° 50, Londres, 1994.

Richmond I. : *Trajan's Army on Trajan's Column*, British School at Rome, Londres, 1982.

Robinson H.R. : *The Armour of Imperial Rome*, Londres, 1975.

Scott Anderson A. : *Roman Military Tombstones*, 1984.

Simkins M. : *Warriors of Rome*, London, 1988.

Simkins M. : *The Roman Army from Caesar to Trajan*, Osprey, Men-At-Arms Series N° 46 (Revised Edition), Londres, 1984.

Simkins M. : *The Roman Army from Hadrian to Constantine*, Osprey, Men-At-Arms Series N° 93, Londres, 1979.

Sumner G. : *The Military Clothing*, Osprey, Men-At-Arms Series N° 374 (100 BC-AD 200).

Sumner G. : *Roman Army, Wars of the Empire*, Londres, 1997.

Thomas M. D. : *Lorica Segmentata*, Vol. 2, A Catalogue of Finds (JRMES Monograph N°2), 2003.

Ulbert G. : *Römische Waffen des I. Jahrhunderts n. Chr.*, Stuttgart, 1968.

Warry J. : *Warfare in Classical World*, 1980.

Waurick G. : *Die Römische Helme*, dans Antike Helme p.327-364, Mayence, 1988.

Windrow M et McBride A. : *Imperial Rome at War*, Hong Kong, 1996.

Crédit photographique

La majorité des photos de cet ouvrage sont de Frédéric Lontcho et de François Gilbert. Les photos des pages 34-37 sont de l'Archéoparc de Malagne; celles des pages 38-39 sont de Markus Neidhardt et Gauthier Clerens; les photos des pages 46-49 sont en partie de Mirou Production; celles des pages 52-55 sont de Gary Marshall; celles des pages 72-75 sont de Peter Stone et Christopher Schultz; celles des pages 88-91 enfin, sont de Markus Neidhardt.

Les photos des doubles-pages sont de Frédéric Lontcho. Elles présentent les troupes suivantes:

- *Romercohort Opladen* (D), pages 9, 28-29, 50-51, 60-61, 70-71, 96-97 et 110-111 (faites à Venarey-les-Laumes, site d'Alésia),
- *Ermine Street Guard* (GB), pages 86-87 (faite au Musée des Temps Barbares de Marle),
- *Corpus Equitum Legionis X Equstris* (B), pages 40-41 (faite au Musée des Temps Barbares de Marle),
- *Pax Augusta* (F), page 6.

Les photos de la tente de centurion, pages 106-107, sont de Ch. Vaginay-Darnetz, et les photos de la séance d'habillage page 95 sont de Reine Vassieux.

COORDONNÉES DES TROUPES VISIBLES DANS CET OUVRAGE

- **COHORS IIII VINDELICORUM**
z.Hd. Herrn Markus Neidhardt
Brunnenstr. 13,
61194 Niddatal-Kaichen
Deutschland
http://www.vindeliker-kohorte.de/
MarkusNeidhardt@aol.com
- **CORPUS EQUITUM LEGIONIS X EQUESTRIS**
Archéoparc de Malagne
Rochefort
Belgique
http://www.malagne.be
- **ERMINE STREET GUARD**
Oakland Farm, Dog Lane
Crickley Hill, Witcombe
Gloucestershire, GL53 4UG
United Kingdom
http://www.ESG.ndirect.co.uk/
theesg@aol.com
- **LEGIO II AUGUSTA**
David Richardson
61 Totland Rd.
Portsmouth PO6 3HS
United Kingdom
http://www.legiiavg.org.uk
legiiavg@btopenworld.com
- **LEGION VIII AUGUSTA**
59 chemin de la Fourestole,
81990 Cambon d'Albi
France
http://www.leg8.com/
rene.cubaynes@wanadoo.fr
- **PAX AUGUSTA**
Chez François Gilbert
9 rue des écoles,
69580 Sathonay-Camp
France
http://paxaugusta.net
info@paxaugusta.net
- **QUINTUS FLORENTIUS AGRIPPA** de la **LEGIO VI VICTRIX**
110 Mountain Ranch Rd
Clarkesville GA 30523
USA
http://www.florentius.com/index.htm
- **ROEMERCOHORTE OPLADEN**
Paulstraße 3
51379 Leverkusen,
Deutschland
http://www.roemercohorte.de
info@roemercohorte.de

Table des matières

Imprimé en France par CLERC S.A.S.
18200 Saint-Amand-Montrond en mai 2006